Luis Rojas Marcos

Lebe lieber glücklich

Die Macht des Optimismus

Aus dem Spanischen von Luis Ruby

Piper München Zürich

Mehr über unsere Autoren und Bücher:
www.piper.de

Mix
Produktgruppe aus vorbildlich bewirtschafteten
Wäldern und anderen kontrollierten Herkünften
www.fsc.org Zert.-Nr. GFA-COC-001223
© 1996 Forest Stewardship Council

FSC

Deutsche Erstausgabe
August 2011
© 2005 Luis Rojas Marcos
© Sperling & Kupfer Editori, S. p. A., Milano 2006
Titel der italienischen Ausgabe:
»Arrendersi mai«, Sperling & Kupfer Editori, S. p. A., Milano 2006
© Piper Verlag GmbH, München
Umschlagkonzeption: semper smile, München
Umschlaggestaltung: Bauer + Möhring, Berlin
Satz: Kösel, Krugzell
Gesetzt aus der Charter
Papier: Munken Print von Arctic Paper Munkedals AB, Schweden
Druck und Bindung:
Printed in Germany   ISBN 978-3-492-26487-7

Luis Rojas Marcos
Lebe lieber glücklich

PIPER

Zu diesem Buch

Es passierte während eines Routinebesuchs in einem New Yorker Krankenhaus. Der Arzt und Psychologe Luis Rojas Marcos, Vorsitzender des öffentlichen Gesundheitssystems, sprach mit einem Patienten, der nach einem Unfall vom Hals abwärts gelähmt und ans Krankenhausbett gefesselt war. Dieser Mann nannte sich selbst einen glücklichen Menschen. Wie gelang ihm das? Die Macht des Optimismus hatte ihm geholfen. Marcos erkannte an diesem Tag die ungeheure Kraft des positiven Denkens. Er sah mit eigenen Augen, dass Hoffnung stärker ist, als er es sich vorstellen konnte. Seit diesem Tag befasst sich Rojas Marcos intensiv mit den Phänomenen Optimismus und positive Lebenseinstellung. Alles Wissenswerte dazu hat er in diesem bewegenden und wunderschönen Buch aufgeschrieben. Zum Staunen und Nachmachen.

Luis Rojas Marcos, geboren 1943 in Sevilla, lebt in New York. Er studierte Medizin und Psychologie. Von 1995 bis 2002 war er Vorsitzender der öffentlichen Krankenhäuser in New York. Seit einigen Jahren arbeitet er als Schriftsteller und Dozent.

Inhalt

Auf der Suche nach dem Optimismus

*»Nur weil Wolken das Firmament bedecken oder
die Blinden es nicht sehen können, ist der Himmel nicht
weniger blau.«*
dänisches Sprichwort

Überraschungsbesuch im Coler Memorial Hospital

»In unserem Leben gibt es keinen Tag,
der bedeutungslos wäre.«
Alexander Woollcott, *While Rome Burns*, 1934

An einem bewölkten Morgen im Februar 1996 ging ich in meinem Büro in der New York City Health and Hospitals Corporation, die ich seit gerade einmal sechs Monaten leitete, ruhelos auf und ab. Die Finanzlage der Stadt war überaus prekär, und seit einigen Tagen beunruhigte mich die Aussicht, wir würden möglicherweise mehrere Tageskliniken in armen Stadtvierteln schließen müssen. Zudem hatte auch noch George, ein Kollege und langjähriger Freund, nachts zuvor auf einem Highway in Los Angeles einen Autounfall gehabt und lag in einem kalifornischen Krankenhaus auf der Intensivstation.

Ich befürchtete das Schlimmste. Tiefschwarze Ahnungen bedrängten mich, und ich konnte mich kaum auf meine Arbeit konzentrieren. Also sagte ich kurzerhand meine Termine für den Vormittag ab.

Um mich abzulenken und meine Sorgen zu vergessen, beschloss ich spontan, einem unserer Krankenhäuser einen Überraschungsbesuch abzustatten. Die Erfahrung hat gezeigt, dass unangekündigte Besuche des Chefs beim Management für erhebliche, durchaus heilsame Schübe von Aktivität und Improvisation sorgen. Zudem nützen Personal und Patienten dankbar die Gelegenheit, Beschwerden oder Lob loszuwerden.

Also fuhr ich geradewegs zum Coler Memorial Hospital,

das auf der kleinen Insel Roosevelt Island an der Ostgabelung des Hudson River liegt, zwischen Manhattan und Queens. Dieses weitläufige, 1949 erbaute Krankenhaus ist nach dem ersten Direktor der New Yorker Wohlfahrtsbehörde benannt und zählt mit über 1000 Betten zu den größten öffentlichen Krankenhäusern der USA. Es ist eine Spezialklinik zur Pflege und Rehabilitation chronisch Kranker, überwiegend Patienten mit degenerativen Nervenerkrankungen und schweren Gehirnschäden, die durch Gefäßkrankheiten oder Unfälle verursacht wurden.

Am Ziel angekommen, ging ich schnurstracks ins Büro von Sam Lehrfeld, der das Krankenhaus seit über einem Jahrzehnt leitete. Sam war über 50, ein korpulenter Mann mit breitem Gesicht und großen, fröhlichen blauen Augen. Man kennt ihn im Gesundheitswesen als hervorragenden Manager. Darüber hinaus ist er für seine Herzlichkeit, seine Vorliebe für Gaumenfreuden, seinen Humor sowie für die unerschöpfliche positive Energie bekannt, die er sich noch unter den schwierigsten Bedingungen bewahrt. Durch diese Wesensart ist Sam geradezu prädestiniert dazu, eine Einrichtung zu leiten, in der schwerstbehinderte, häufig unheilbar kranke Patienten behandelt werden.

Als er mich sah, war Sam einen Moment lang verblüfft, doch gleich zog ein Strahlen über sein Gesicht, und er lud mich ein, mit ihm in der Krankenhaus-Cafeteria zu frühstücken. Nebenbei bemerkt, genießt das Coler Memorial Hospital mit seinem multikulturellen Speiseplan einen so guten Ruf, dass Unternehmen aus der näheren Umgebung die Küche gerne mit dem Catering für Feste und Empfänge beauftragen. In der Welt der Krankenhäuser dürfte das ein einzigartiger Fall sein. Als wir unser Frühstück beendet hatten, teilte ich Sam mit, dass ich einen Rundgang durch den soeben renovierten zweiten Stock machen wollte. Dort liegen querschnittsgelähmte Patienten, die vom Hals abwärts bewegungsunfähig sind und intensive Betreuung sowie künstliche Beatmung benötigen. Sam bot mir mehrmals an, mich zu begleiten, aber ich konnte ihn schließlich davon überzeugen, dass es besser wäre, wenn ich meinen Besuch alleine durchführte.

Kaum hatte ich die Station betreten, stieg mir der krankenhaustypische Geruch nach Desinfektionsmitteln in die Nase. Man hörte das rhythmische Pumpen der Beatmungsgeräte, die den Lungen der Patienten, die nicht mehr selbstständig atmen können, Tag und Nacht Sauerstoff zuführen. Ein stetes Summen lag in der Luft. Ich meldete mich bei der Stationsschwester und erklärte ihr, ich sei gekommen, um dem einen oder anderen Patienten einen Besuch abzustatten. Dann ging ich aufs Geratewohl in eines der Zimmer.

Ein Mann von jugendlichem Aussehen saß halb aufgerichtet im Bett und atmete angestrengt. Er war an Armen und Beinen gelähmt. Sein Kopf ruhte auf einem mit Mull gepolsterten Gestell. Der Mann starrte konzentriert auf den Bildschirm eines Fernsehers, der an der gegenüberliegenden Wand angebracht war. Mir fiel auf, dass er eine Tracheotomie hatte, einen Luftröhrenschnitt zur Erleichterung der Atmung; die Öffnung war mit einem Ventil verschlossen. Neben dem Nachttisch stand eine Beatmungsmaschine im Stand-by-Modus.

Als der Patient meinen Gruß hörte, sah er zu mir herüber, musterte mich eindringlich und lächelte dann leicht. Ich stellte mich vor und sagte, wenn er nichts dagegen habe, wüsste ich gerne, wie es zu seiner Einweisung in das Krankenhaus gekommen sei und was er von der Pflege halte. Der Mann hatte Schwierigkeiten beim Sprechen und musste immer wieder abbrechen. Dennoch beantwortete er meine Frage mit tiefer und rauer, aber verständlicher Stimme. Er hieß Robert, war 46 und von Beruf Ingenieur. Im Krankenhaus lag er, seit er fünf Jahre zuvor bei der Inspektion einer Baustelle einen schweren Arbeitsunfall erlitten hatte. Aufgrund einer Rückenmarksverletzung auf Höhe der Halswirbelsäule war er seitdem am ganzen Körper gelähmt. Robert war verheiratet und hatte einen zehnjährigen Sohn und eine achtjährige Tochter. Was das Krankenhaus anging, so lobte er die Betreuung, die ihm dort zuteil wurde. Besonders hoffnungsfroh stimmte ihn die Tatsache, dass er es in den vergangenen drei Monaten unter großen Anstrengungen dahin gebracht hatte, fast zwei Stunden am Tag ohne künstliche Hilfe atmen zu können.

Robert sagte, ihm sei durchaus bewusst, dass er höchstwahrscheinlich bis ans Ende seiner Tage gelähmt bleiben werde. Aber auch früher, fügte er sogleich hinzu, habe er schon Herausforderungen zu meistern gehabt. So hatte er mit 15 seinen Vater verloren, an dem er sehr hing, und in der Folge hatte seine Familie auch finanziell schwierige Zeiten durchstehen müssen. Zu Roberts gegenwärtiger positiver Stimmung trug bei, dass es ihm nach und nach gelungen war, sein tägliches Programm im Krankenhaus besser zu bewältigen. Diese Erfolge ließen ihn hoffen, dass er eines Tages vielleicht auch seine Lähmung überwinden würde – wenigstens so weit, dass er wieder zu seiner Familie zurückkehren könnte. Ich erkundigte mich nach seinem Alltag im Krankenhaus. Er antwortete, er komme damit wesentlich besser zurecht, als er anfangs gedacht hätte. Mittlerweile sei er ein großer Fan mehrerer Fernsehserien, und auch auf die Mahlzeiten freue er sich regelmäßig. Mit einigen Krankenschwestern und Physiotherapeuten sei er inzwischen persönlich befreundet. Vor allem aber mache es ihn glücklich, wenn ihn seine Kinder und seine Frau besuchen kämen.

Fasziniert von Roberts positiver Einstellung, stellte ich ihm kurz entschlossen die Frage, wie er seine Zufriedenheit mit dem Leben auf einer Skala von 0 (sehr unglücklich) bis 10 (sehr glücklich) einstufen würde. Robert dachte kurz nach. Dann lächelte er und antwortete bestimmt: »Bei 8.« Diese hohe Wertung erstaunte mich. Als Nächstes fragte ich ihn, wie seine Einschätzung vor seinem Unfall ausgefallen wäre. Fast ohne zu zögern sagte er: »Ich denke, ich hätte mir eine 8,5 gegeben.« »Nur einen halben Punkt mehr?«, rief ich ungläubig. »Lieber Herr Dr. Rojas«, erwiderte Robert bedächtig und in begütigendem Ton, »Sie können sich das vielleicht schwer vorstellen, aber ich glaube, ich darf mich glücklich schätzen. Ich habe einen furchtbaren Unfall überlebt und bin im Vollbesitz meiner geistigen Fähigkeiten. In Wahrheit hat mein Leben für mich durch den Unfall eine tiefere Bedeutung gewonnen. Ich denke, die Erfahrung hat mich in gewisser Weise zu einem besseren Menschen gemacht. Ich habe mehr Verständnis für andere, ich weiß Kleinigkeiten, die mir früher belanglos vorkamen, viel mehr zu schätzen ... Wer weiß, vielleicht kann ich eines Tages anderen Menschen, die von ähnlichen Schicksalsschlägen getroffen wurden, bei der Bewältigung ihrer Probleme helfen.«

Wortlos legte ich ihm die Hand auf die Schulter und sah ihm tief in die Augen. Ich suchte nach einem Zeichen, das meine Skepsis hätte rechtfertigen können. Doch das einzig Auffällige war der Optimismus, der in Roberts Blick glänzte. Dieser Glanz war für mich der sicherste Beweis dafür, dass er sein Unglück wirklich überwunden hatte.

Auf der Rückfahrt in mein Büro machte ich mir Notizen

über unser Gespräch und dachte dabei immer wieder: »Bewundernswert!«, »Wirklich erstaunlich!«

Bei meinem beruflichen Umgang mit Krankheit und Behinderung habe ich zwei Dinge sehr schnell gelernt. Erstens, dass positives Denken eine enorm heilende Kraft besitzt. Und zweitens, dass Hoffnung unter den Menschen viel weiter verbreitet ist, als wir gemeinhin denken. Über die Jahre hinweg haben sich diese zwei Lektionen täglich bestätigt. Durch meine persönlichen Erfahrungen am 11. September 2001 in New York haben sie sich mir noch tiefer eingeprägt. Doch vor allem das Gespräch mit Robert im Coler Memorial Hospital entzündete in mir die Neugier und den Wunsch, einer sehr menschlichen Neigung auf den Grund zu gehen: der nämlich, die Wechselfälle des Lebens auf eine Weise zu betrachten, die Positives in den Vordergrund stellt und negative Aspekte in den Hintergrund rückt.

An die Arbeit

» Wenn man erst alle denkbaren Einwände ausräumen müsste, würde man nie etwas anpacken.«
Paula F. Eagle, persönliche Mitteilung, 2000

Sechs Jahre nach dem Überraschungsbesuch im Coler Memorial Hospital gab ich meinen Posten als Leiter der öffentlichen Krankenhäuser von New York auf, um fortan das beschaulichere Leben eines Universitätsdozenten zu führen. Nun schien mir der Moment gekommen, den Optimismus genauer zu ergründen, seine Wurzeln zu erforschen, seine Bestandteile, seine Ausprägungen und seine Wirkung.

Von Anfang an durfte ich feststellen, dass ich mir da eine überaus erfreuliche Aufgabe vorgenommen hatte. Als Mediziner, der sich in der Regel mit körperlichen und geistigen Leiden auseinandersetzte, empfand ich die Untersuchung des Optimismus als dankbare Abwechslung, als wohltuende Atempause. Ich muss allerdings gestehen, dass mein Vorhaben auch eine Herausforderung darstellte. Denn wir Mediziner schenken den gesunden Aspekten der menschlichen Natur seit jeher zu wenig Beachtung. Über die lebensbejahende Grundhaltung vieler Menschen nachzudenken sind wir nicht gewohnt. Zum Teil erklärt sich dieses Defizit aus der Tatsache, dass sich die heilende Zunft – von den ersten, prähistorischen Medizinleuten und Schamanen bis in die jüngste Vergangenheit – fast ausschließlich darauf beschränkt hat, die endlosen Leiden der Menschen zu lindern und Leben zu erhalten. Die wenigen Ärzte, die sich überhaupt der Forschung widmeten, konzentrierten sich aus reiner Notwendigkeit darauf, die schweren Krankheiten und Seuchen, die das Leben der Menschen maßgeblich bestimmten, zu untersuchen und Gegenmittel dafür zu finden. Und damit hatten sie alle Hände voll zu tun.

Wie ihren Kollegen aus der Medizin blieb auch denen, die sich mit der menschlichen Psyche beschäftigten, jahrhundertelang nichts anderes übrig, als die Krankheitssymptome zu lindern, die das Leben von Geisteskranken und häufig auch das ihrer Familienangehörigen belasteten. Ihre Aufgabe war alles andere als leicht, denn die Funktionsweise des Gehirns zu erforschen stellte – und stellt bis heute – eine enorme Herausforderung dar. Doch eben im Gehirn, in diesem Gewirr aus Millionen miteinander vernetzter Neuronen, die in einem Meer von hochwirksamen chemischen Substanzen schwimmen, prägt sich die Persönlichkeit aus, werden Erinnerungen gespeichert, entstehen Gedanken und Gefühle, Einstellungen und Verhaltensweisen – gesunde wie ungesunde.

Die positiven Aspekte der menschlichen Psyche wurden auch deshalb so lange vernachlässigt, weil Psychologie und Psychiatrie recht junge Wissenschaften sind, die von Beginn an unter dem Einfluss des philosophischen Fatalismus standen. Für gewöhnlich datiert man die Geburt der Psychologie als wissenschaftliche Disziplin auf das Jahr 1879. Damals entschloss sich Wilhelm Wundt, Biologieprofessor an der Universität Leipzig, »eine neue Wissenschaft« zu begründen. Zu diesem Zweck rief er das erste Labor ins Leben, das sich dem Studium der Gehirnfunktionen widmete. Wundt und seine Kollegen ersannen psychologische Experimente, um die Aufmerksamkeit, das Gedächtnis und den Gemütszustand von Menschen zu erforschen. Im Jahr 1890 veröffentlichte dann der New Yorker Psychologe und Harvard-Professor William James ein erstes Handbuch mit dem Titel *Die Prinzipien der Psychologie*.

Die Pioniere der neuen wissenschaftlichen Disziplin standen jedoch im Bann der zutiefst pessimistischen Gedanken, wie sie von fast allen Philosophen ihrer Zeit vertreten wurden – eine unglückselige Neigung, auf die ich später noch zu sprechen komme. William James zum Beispiel wusste durchaus darum, dass es Menschen gibt, die sich trotz einer »kranken Psyche [...] eine zuversichtliche Haltung« bewahren. Doch aus James' Sicht dienten Hoffnungen lediglich dazu, die unvermeidlichen Enttäuschungen des Lebens aufzuschieben. Für ihn war Optimismus »nur ein Schleier, der uns davor bewahrt, den bitteren Wahrheiten der Existenz ins Auge sehen zu müssen. Angesichts des häufigen Scheiterns und der Vielzahl an Enttäuschungen kann jedoch niemand diesen Schleier lange tragen.«

Auch die Psychiatrie, der Zweig der Medizin also, der sich mit der Diagnose und Behandlung geistiger Störungen befasst, ist kaum zwei Jahrhunderte alt und machte ihre ersten Schritte in einem von Vorurteilen und absurden Theorien geprägten Umfeld. Man muss sich vor Augen halten, dass geistig verwirrte Menschen noch bis in die jüngste Zeit marginalisiert, wenn nicht gar bestraft, eingesperrt oder von Magiern und Priestern exorzistischen Ritualen unterzogen wurden. Erst mit dem Fortschritt des psychiatrischen Wissens und der zunehmenden Sensibilisierung der Gesellschaft für die Problematik von Geisteskrankheiten besserte sich die Lage dieser Kranken allmählich. Dennoch hielt sich unter Psychiatern lange Zeit ein negatives Menschenbild.

Einer der bedeutendsten Psychiater aller Zeiten war William James' Zeitgenosse Sigmund Freud, der Begründer der Psychoanalyse. Seinen Biografen zufolge war Freud ein abergläubischer Mensch, dessen Denken vom Tod beherrscht wurde und der davon überzeugt war, die Menschen seien dazu verdammt, Frustrationen zu erleiden oder sie anderen zuzufügen. Dadurch wurde seiner Ansicht nach noch der bescheidenste Glücksanspruch zu einem irrationalen, infantilen Trugbild. In seinem Werk *Das Unbehagen in der Kultur* bemerkte dieser geniale Beobachter des menschlichen Geistes rundheraus: »Die Menschen haben es jetzt in ihrer Beherrschung der Naturkräfte so weit gebracht, dass sie es mit deren Hilfe leicht haben, einander bis auf den letzten Mann auszurotten [...] Und nun ist zu erwarten, dass die andere der beiden ›himmlischen Mächte‹, der ewige Eros – der Überlebenstrieb –, eine Anstrengung machen wird, um sich im Kampf mit seinem ebenso unsterblichen Gegner Thanatos – dem Zerstörungstrieb – zu behaupten. Aber wer kann den Erfolg und Ausgang voraussehen?« Einen etwas hoffnungsvolleren Ton schlägt Freud in seiner Antwort auf einen Brief des Physikers Albert Einstein an. Dieser hatte ihn gefragt, ob es denn etwas gebe, was die Menschheit vor der Bedrohung des Krieges retten könne. Im September 1932 schrieb Freud zurück: »Unterdes dürfen wir uns sagen: Alles, was die Kulturentwicklung fördert, arbeitet auch gegen den Krieg.«

Die gemeinhin geltende pessimistische Einschätzung der menschlichen Natur wurde sogar von denjenigen Wissenschaftlern geteilt, die die positiven Eigenschaften der Menschen erforschten. So meinte der renommierte Psychologe Erich Fromm, der hellsichtige Studien zu Liebe und Freiheit veröffentlichte, die Menschen seien in ihrer Mehrheit materialistisch und unfähig zu lieben, sie seien unglücklich und neigten zur Selbstzerstörung. In seiner berühmten Abhandlung *Die Kunst des Liebens* (1956) erklärte er, der Mensch sei sich bewusst, »dass er ohne seinen Willen geboren wurde und gegen seinen Willen sterben wird [...] dass er allein und abgesondert und den Kräften der Natur und der Gesellschaft hilflos ausgeliefert ist – all das macht seine abgesonderte, einsame Existenz zu einem unerträglichen Gefängnis«.

Die erste Person aus meinem Fach, deren Gedanken zum Thema Optimismus mich wesentlich beeinflussten, war die deutschstämmige, in New York ansässige Psychiaterin Karen Horney (1885 – 1952). Horney vertrat entschieden die Ansicht, jeder Mensch entfalte unter normalen Bedingungen die Fähigkeiten, die es uns ermöglichen, uns selbst zu verwirklichen: nämlich die Gabe, das Beste aus unseren persönlichen Möglichkeiten zu machen, sowie die Willensstärke und die geeigneten Mittel, enge Beziehungen mit anderen Menschen einzugehen. Karen Horney war zwar eine Schülerin Sigmund Freuds, distanzierte sich aber offen von dem Konzept des von ihrem Lehrer postulierten Todestriebs oder Thanatos. Das brachte ihr die Ablehnung vieler Kollegen ein. In ihrem Hauptwerk *Neurose und menschliches Wachstum* (1950) stellte sie mit folgenden Worten ihre eigenen Gedanken denen Freuds gegenüber: »Albert Schweitzer verwendet den Begriff ›optimistisch‹ und ›pessimistisch‹ im Sinne von ›Welt- und Lebensbejahung‹ und ›Welt- und Lebensverneinung‹. In diesem tieferen Sinne ist Freuds Weltanschauung pessimistisch – unsere dagegen, trotz allen Wissens um die tragischen Elemente der Neurose, optimistisch.«

Bis ans Ende des 20. Jahrhunderts galt die Aufmerksamkeit von Psychologen und Psychiatern – von ganz wenigen Ausnahmen abgesehen – mehr der Psychose als dem gesunden Menschenverstand, mehr der Angst als dem Vertrauen, mehr der Phobie als dem Mut, mehr der Melancholie als dem Enthusiasmus. Der Psychologieprofessor David Myers aus Michigan fand bei einer elektronischen Auswertung der weltweit wichtigsten Psychologiezeitschriften in den Jahren 1967 bis 1998 101 004 Artikel über Depressionen, Angststörungen oder Gewalt, aber nur 4704 über Freude, Liebe oder Glück. Mit anderen Worten, auf jeden Artikel über einen positiven Aspekt der menschlichen Persönlichkeit kamen 21 Artikel negativen Inhalts.

In den letzten 25 Jahren haben Medizin und Psychologie jedoch große Fortschritte gemacht. Dies hat – zusammen mit den bedeutenden Errungenschaften der Pharmakologie bei der Behandlung psychischer Störungen – dazu geführt, dass sich nun zahlreiche praktische Ärzte und Forscher, die sich bis dahin ausschließlich der Pathologie gewidmet hatten, in einem gewissen Maß anderen Themen öffneten und sich auf diejenigen menschlichen Eigenschaften besannen, die zur Zufriedenheit im Leben beitragen.

Im Jahre 2000 wurde schließlich auch offiziell anerkannt, wie wichtig es ist, die positiven Aspekte des menschlichen Geistes zu erforschen: Dank der Denkanstöße Martin E. P. Seligmans, der an der University of Pennsylvania lehrt, wurde Positive Psychologie an mehreren Psychologischen Fakultäten in den USA als Studienfach eingeführt. Diese neue akademische Disziplin widmet sich unter anderem der Erforschung von Erfahrungen und Charakterzügen, die zum Glück des Menschen und zur Erhaltung seiner geistigen Gesundheit beitragen. So wächst täglich die Zahl von findigen Ärzten und Ärztinnen, die untersuchen, was Vertrauen, Sicherheit, Freude, befriedigende Beziehungen und positive Erwartungen eigentlich sind. Um es mit Seligman zu sagen: »Im neuen Jahrtausend werden sich die Erforscher der Psyche nicht nur darum bemühen, die schlimmsten Auswüchse der menschlichen Existenz zu korrigieren. Sie werden sich auch der Aufgabe widmen, das Beste im Menschen zu erkennen und zu fördern.«

In den folgenden acht Kapiteln stelle ich meine eigenen Erkenntnisse und Erfahrungen dar wie auch das, was ich von anderen gelernt habe. Ich beginne mit einem kurzen, selektiven Überblick über die Geschichte des positiven Denkens. Dabei handelt es sich um eine subjektive Chronik, in der ich Spekulationen über die weit zurückliegenden Ursprünge des Optimismus anstelle. Anschließend gehe ich auf die schlechte Presse ein, die der Optimismus unter Gelehrten und Laien hatte und immer noch hat, und beleuchte ihn dann aus der Perspektive der Neuropsychologie. Danach wende ich mich der Frage zu, was die Haltung des Optimisten von der des Pessimisten unterscheidet, und stelle dies in drei Zusammenhängen dar: unsere Erinnerung an Vergangenes, unsere Interpretation der Gegenwart und unsere Sicht auf die Zukunft. Des Weiteren untersuche ich die Kräfte, die unsere Lebenseinstellung prägen: die genetischen Vorgaben, die individuellen Charaktereigenschaften und die kulturellen Werte.

Nachdem ich auf die größten Feinde des Optimismus eingegangen bin – chronische Hilflosigkeit und Depression –, komme ich auf zwei erprobte Strategien zu sprechen, mit denen sich eine realistische optimistische Haltung fördern lässt. Im letzten Kapitel skizziere ich die Auswirkungen des Optimismus auf persönliche Beziehungen zu anderen Menschen, auf die Gesundheit und auf die Arbeitswelt und stelle seine Bedeutung für Politik, Sport, Medizin und Journalismus dar. Zum Abschluss analysiere ich die wertvollste Eigenschaft des Optimismus: seinen enormen, vielfach bewiesenen Nutzen im Umgang mit den Wechselfällen des Lebens.

Die Ursprünge des positiven Denkens

»Die Zukunft in rosaroten Farben zu sehen
ist ebenso biologisch fundiert wie sexuelle Phantasien …
Sich in einer Welt der Ungewissheit mit Zuversicht
zu wappnen ist für unsere Spezies so charakteristisch
wie der aufrechte Gang.«
Lionel Tiger, *Optimism*, 1979

Eine Frage des Überlebens

»Ob unsere Zivilisation überlebt oder nicht,
hängt letztlich von unserer Einstellung ab.
Anders ausgedrückt, es hängt von dem ab,
was wir Menschen wollen.«
Bertrand Russell, *The New York Times Magazine*,
19. März 1950

Gewiss können wir nicht sicher wissen, wie unsere entferntesten Vorfahren dachten, von denen keine schriftlichen
Zeugnisse überliefert sind. Ich glaube jedoch, dass das
Gesicht der meisten von ihnen vor Freude erstrahlte, als
sie vor etwa 400 000 Jahren ein Bewusstsein von sich und
ihrer Umgebung entwickelten. Dafür gibt es meines Erachtens verschiedene Gründe. Sie dürften im Rückblick sehr
stolz darauf gewesen sein, die schweren Prüfungen über-
standen zu haben, denen sie durch das unbarmherzige
Gesetz der natürlichen Selektion unterworfen waren. Aufgrund dieser unwiderstehlichen Kraft, die diejenigen körperlichen und geistigen Fähigkeiten fördert, die zum Überleben und zur Verbesserung der Spezies beitragen, unnütze
Eigenschaften hingegen eliminiert, konnten sich nur die
Tauglichsten aus der Familie der großen Primaten zu Menschen entwickeln. Ich stelle mir vor, dass unsere Urahnen
das Erreichte besonders zu schätzen wussten, wenn sie ihr
Leben mit dem der Schimpansen und Gorillas, ihrer nächsten Verwandten im Tierreich, verglichen.

Nun vertreten anerkannte Experten wie Steven LeBlanc,
Professor für Archäologie an der Harvard University, oder

der Anthropologe Robert B. Edgerton von der University of California die Ansicht, unsere frühgeschichtlichen Vorfahren hätten wenig zu lachen gehabt. Ihrer Meinung nach lebten die Menschen damals in Angst und Schrecken und in der ständigen Bedrohung durch gnadenlose Seuchen und die Launen der Naturgewalten. Doch meines Erachtens spiegelt diese düstere Schilderung des Lebens unserer weit entfernten Vorfahren moderne Vorstellungen wider – ästhetische Werte und Wohlstandserwartungen, die unseren Ahnen fremd waren.

Halten wir uns vor Augen, dass die Menschheit über Jahrtausende hinweg überleben konnte, so ergibt die Annahme, dass eine hoffnungsvolle Einstellung unter den ersten Menschen weitverbreitet war, durchaus Sinn. Und sei es nur, weil sie der mächtige Antrieb zu Paarung und Fortpflanzung war, zu zuversichtlichem und hartnäckigem Bemühen um die Früchte der Natur und zum Kampf gegen äußere Feinde. Diejenigen, die den Nutzen einer optimistischen Lebenseinstellung bestreiten, führen gerne an, die Optimisten der frühgeschichtlichen Stammesgemeinschaften hätten ihr Leben bei Erdbeben und Orkanen riskiert oder den Tod gefunden, wenn sie sich tollkühn lauernden Tigern und Wisenten entgegenstellten; die Skeptiker unter ihnen dagegen hätten sich vorsichtiger verhalten und die Sicherheit ihrer Höhlen gesucht. Wie ich weiter unten noch darlegen werde, ist heute jedoch unbestritten, dass positives Denken und Überlebenswille keinen Widerspruch darstellen. Vielmehr vertragen sie sich ausgezeichnet mit der Fähigkeit, rationale Entscheidungen zu treffen und dabei die gegebenen Vor- und Nachteile abzuwägen.

Gesunder Optimismus bedeutet nicht, sich für unverwundbar zu halten oder sich überzogener Euphorie hinzugeben. Im Gegenteil, es handelt sich um eine Form des

Denkens und Fühlens, die uns dabei hilft, unsere eigenen Fähigkeiten und die Mittel, die uns zur Verfügung stehen, umsichtig zu nutzen und unser Bestes zu geben, ohne uns von Rückschlägen entmutigen zu lassen.

Die positive Einstellung unserer Vorfahren versetzte sie in die Lage, sich um ihr Wohlbefinden zu kümmern und nutzbringende Überlebensstrategien zu entwerfen. Darüber hinaus aber fand sie ihren Ausdruck in drei Grundpfeilern der menschlichen Existenz: in der Religion, im Umgang mit und Verständnis von Krankheiten sowie in der zivilisatorischen Entwicklung.

Mythen und Glaubensinhalte

»Wir Menschen glauben an das, was wir glauben wollen, was uns gefällt, was uns in unseren Meinungen bestärkt und was unsere Leidenschaften anfacht.«
Sydney J. Harris, *Clearing the Ground*, 1986

Wie der Historiker David Fromkin von der Boston University darlegt, ersannen unsere Ahnen Mythen und Götter, um sich die Naturgewalten zu erklären, ihre Triebe zu regulieren und die Katastrophen zu überwinden, die sie erleiden mussten. Den Gottheiten schrieben sie die Erschaffung und den Fortbestand des Universums zu. Auch wenn sie für jegliches Unglück die Götter verantwortlich machten, schmückten sie sie mit Tugenden aus, darunter die Hoffnung. Erinnern wir uns kurz an den ältesten bekannten Mythos, der vom Ursprung der Hoffnung handelt.

Es heißt, der Titan Prometheus, Schöpfer der Menschen, habe den Sterblichen insgeheim das Feuer geschenkt, das er aus dem Olymp geraubt hatte, und ihnen von der Göttin Athene empfangene Kenntnisse übermittelt. Als der oberste Gott Zeus davon erfährt, ist er so erzürnt, dass er Prometheus an einen Felsen kettet, wo tagsüber ein Geier seine Leber verzehrt. Nachts wächst sie wieder nach, und so soll Prometheus bis in alle Ewigkeit leiden. Anschließend befiehlt Zeus seinem Sohn Hephaistos, dem Gott des Feuers, die nur denkbar schönste Frau zu erschaffen. Hephaistos gehorcht und kreiert Pandora. Zeus wiederum schickt Pandora auf die Erde, damit sie Prometheus' Bruder Epimetheus eine hübsche Büchse bringt, worin der Göttervater zuvor alle Krankheiten, den Neid, den Hass, die Laster, den Wahnsinn und sämtliche weitere Übel der Menschheit verwahrt hat. In seiner blinden Wut legt er versehentlich auch die Hoffnung in die Büchse. Epimetheus, der hinter der Gabe die Böswilligkeit des Zeus vermutet, nimmt das Geschenk nicht an und bittet Pandora, die Dose niemals zu öffnen. Pandora aber kann nicht widerstehen und hebt eines Tages den Deckel. Da kommen alle Übel aus der Dose. Doch auch die Hoffnung wird freigesetzt und bietet den Sterblichen seither Zuflucht.

David Fromkin zufolge unternahmen die Bewohner der Erde vor etwa 3000 Jahren den erstaunlichen Versuch, ihre positive Weltsicht auf Höheres auszurichten: Sie ersetzten die intriganten und willkürlichen Gottheiten der Mythen durch verlässlichere, mitfühlendere Propheten wie Abraham, Moses, Laotse, Zoroaster, Buddha, Konfuzius, Jesus Christus und Mohammed. Diese Figuren verkündeten einen gerechten, barmherzigen Gott. Sie traten für ein gutes Zusammenleben im Diesseits ein, vor allem aber versprachen sie sichere Wege, um nach dem Tod die Glückseligkeit zu erlangen. Was diese neuen Religionen formulierten, war der Gedanke der Hoffnung, die in der Geisteshaltung unserer Vorfahren bereits in Ansätzen vorhanden gewesen war – einer Hoffnung, die ihnen half, ihrer völligen Hilflosigkeit gegenüber Schicksalsschlägen Herr zu werden, und die somit indirekt zu ihrem Überleben beitrug. So vertritt auch der Biologe David S. Wilson die Ansicht, die Religion sei ein Werkzeug des menschlichen Überlebenstriebs.

Im Grunde trafen die Worte der Propheten auf fruchtbaren Boden. Meines Erachtens liegt Lionel Tiger, Professor für Anthropologie an der Rutgers University in New Jersey, völlig richtig, wenn er schreibt, die Religion sei Ausdruck des natürlichen Hangs des Menschen zum Optimismus. Im Laufe der Geschichte hätten religiöse Institutionen, so Tiger weiter, diese angeborene Neigung zu positivem Denken für sich zu nutzen gewusst: »Als Grundlage von Hochzeiten und Taufen, aber auch Trauerfeiern sichert der Optimismus Klerikern ebenso ein Auskommen wie Croupiers und Lotterieverkäufern.«

Innerhalb kurzer Zeit wurden die Weltreligionen zu einer Leinwand, auf die Milliarden von Männern und Frauen seither Ideale wie den Sieg des Guten über das Böse projizieren oder wundervolle, hoffnungsspendende Vorstellungen wie die Unsterblichkeit der Seele und das ewige Glück im Jenseits.

Auch auf dem Gebiet der Krankheiten und ihrer Behandlung spielt das positive Denken seit Urzeiten eine wichtige Rolle. Seit Anbeginn der Welt sind wir von körperlichen und psychischen Leiden bedroht. Schon vor Zehntausenden von Jahren litt die Menschheit unter Krebs, Arthritis, Infektionskrankheiten und den Folgen von Unfällen. Die ersten Heiler waren Schamanen, Hexen, Magier oder weise Frauen, die ihrer Intuition folgend Arzneien und Wundermittel erfanden. Sie setzten ihre Überzeugungskraft dazu ein, um in ihren Patienten das therapeutisch wirksame Gefühl der Hoffnung zu wecken und so körperliche und seelische Leiden zu lindern. Dabei sahen unsere Ahnen Krankheit und Tod nicht als natürliche Vorgänge an, sondern stellten sie in einen übernatürlichen Bezugsrahmen. Für sie waren Erkrankungen mysteriöse Zustände, die durch göttlichen Zorn oder böse Geister verursacht wurden. Das erklärt, warum sie zu Maßnahmen griffen, die heute unsinnig erscheinen, und etwa Trepanationen durchführten, das heißt den Schädel eines Patienten durchbohrten, »damit die Dämonen entweichen können«.

Auf sumerischen Tafeln von vor etwa 4000 Jahren finden sich Beschreibungen, wie man aus menschlichen Exkrementen Salben herstellt, um böse Geister zu vertreiben, oder wie sich der Körper durch die Einnahme von Katzen- und Schweinekot »reinigen« lasse. Wahrscheinlich leitet sich von da die alte Volksweisheit her: »Wenn die Mittel, die uns die Ärzte verabreichen, im Meer versenkt würden, wäre die Menschheit besser dran, nur den Fischen ginge es schlechter.« Es ist offensichtlich, dass Optimismus eine Grundbedingung für das Überleben der Menschen war. Um ein weiteres altes Sprichwort zu zitieren: »Der Glaube an die heilende Wirkung eines Sardinenkopfes macht ihn zu einer starken Medizin.«

Von dem einen oder anderen Heilkraut abgesehen, mit dessen Hilfe sich kleinere Beschwerden lindern ließen, wusste man bis ins 19. Jahrhundert hinein wenig über die Ursachen von Krankheiten und noch weniger darüber, wie man sie behandeln konnte. So erfand erst 1928 der Bakteriologe Alexander Fleming das Penicillin, und es dauerte noch über ein Dutzend Jahre, bis es auf den Markt kam.

Das alles deutet darauf hin, dass die Wirksamkeit von Medikamenten lange Zeit auf dem sogenannten Placeboeffekt beruhte. Dieser Effekt tritt ein, wenn sich bei einem

Kranken Besserung oder gar Genesung einstellt, nachdem er ein wirkstofffreies Mittel eingenommen hat oder einer anderen therapeutisch wertlosen Maßnahme unterzogen wurde. Er könnte beispielsweise gegen ein Magengeschwür eine Pille genommen haben, die nur aus Zuckerkristallen besteht. Der Begriff »Placebo« wurde Anfang des 19. Jahrhunderts von englischen Ärzten eingeführt. Es handelt sich bei dem Wort um eine Futurform des lateinischen Verbs *placere;* die wörtliche Bedeutung wäre »es wird mir gefallen«. Somit steht der Begriff für die positive Erwartung des Patienten vor Einnahme der vermeintlichen Medizin.

Heute ist hinreichend belegt, dass bei 25 bis 30 Prozent der Patienten Besserung oder gar Genesung eintritt, wenn sie Substanzen einnehmen, die keinerlei medizinische Wirkung auf ihr Leiden entfalten. Wie ich im Kapitel über das Verhältnis zwischen Optimismus und Gesundheit noch genauer darlegen werde, muss daher vor Markteinführung eines neuen Medikaments bewiesen werden, dass seine Wirksamkeit die eines Placebomittels statistisch übersteigt. Wer im Gesundheitswesen tätig ist, stellt bald fest, dass bei jenen Patienten, die am meisten von dem eingenommenen Medikament überzeugt sind, auch mit der höchsten Wahrscheinlichkeit das Immunsystem angesprochen und die körpereigenen Heilkräfte aktiviert werden.

Seit Menschengedenken hat sich auf dem Gebiet der Krankheit in beeindruckender Weise erwiesen, dass der Glaube Berge versetzen kann.

Ein Treibstoff des Fortschritts

»Kein Pessimist hat je die Geheimnisse der Sterne aufgedeckt oder ein unbekanntes Land gefunden oder der menschlichen Erkenntnis einen neuen Himmel eröffnet.«
Helen Keller, *Optimismus. Ein Glaubensbekenntnis*, 1903

Selbst die Entwicklung der Zivilisation lässt sich auf die positive Energie des Menschen zurückführen. Ohne Zweifel trug eine Spezies wie die unsere, die aus Afrika kommend in weniger als 100 000 Jahren den ganzen Planeten beherrschte, den Funken des Optimismus in sich, die Vitalität und die nötige Motivation, um neue Wege zu suchen, sich die Natur zum eigenen Nutzen zu unterwerfen und die Lebensbedingungen zu verbessern. Früh entwickelten sich aus dieser kreativen Energie Land- und Viehwirtschaft, es kam zu Städtebau und zur Erfindung der Schrift.

Die Geschichte eines jeden Volkes hat sich anders entwickelt. Doch seit unsere vorsintflutlichen Ahnen ein Bewusstsein ihrer selbst entwickelten und unermüdlich ihr eigenes Glück und das ihrer Nächsten verfolgten, ist die gesamte Menschheit in einem unaufhaltsamen Wachstumsprozess begriffen. Nur ein Blinder würde leugnen, dass auch heute in einigen Ländern Armut, Krankheiten und schreckliche Gewalt herrschen. Wenn wir jedoch die Lebenserwartung, das Bildungsniveau oder die Anzahl demokratischer Gesellschaften in den Blick nehmen, so stellen wir fest, dass niemals zuvor so viele Menschen eine derart hohe Lebensqualität genossen haben. Zudem ist das Leiden unserer Nächsten, sind soziale Ungerechtigkeiten und die Verschwendung natürlicher Ressourcen zu keinem

Zeitpunkt der Geschichte auf so viel Abscheu und Widerspruch gestoßen wie heute.

Aus all diesen Gründen liegt der Schluss nahe, dass die unerbittliche Kraft der natürlichen Selektion, welche die Evolution unserer Spezies prägt, dafür gesorgt hat, dass sich unter unseren fernen Vorfahren eine positive Lebenseinstellung durchsetzte: Wie bei einem Staffellauf wurde der Stab des Optimismus genetisch von Generation zu Generation weitergereicht.

Obgleich diese Hypothese sich auf den gesunden Menschenverstand und auf deutliche Hinweise in den Annalen der Zivilisation stützen kann, hat sie noch nie auf einhellige Zustimmung zählen können. Ich finde es erstaunlich, dass zahlreiche Größen der Geistesgeschichte sich bei aller Klarsicht als erbitterte Gegner des Optimismus zeigten und geradezu Angst davor zu haben schienen, dass die positiven Erwartungen der Menschen in Erfüllung gehen könnten. Ein prägnantes Beispiel dafür ist der sarkastische Kommentar des deutschen Philosophen Arthur Schopenhauer (1788 – 1860): »Aber, wenn alle Wünsche, kaum entstanden, auch schon erfüllt wären; womit sollte dann das menschliche Leben ausgefüllt, womit die Zeit zugebracht werden? Man versetze dies Geschlecht in ein Schlaraffenland, wo alles von selbst wüchse und die Tauben gebraten herumflögen, auch jeder seine Heiß-Geliebte alsbald fände und ohne Schwierigkeit erhielte. – Da werden die Menschen zum Theil vor langer Weile sterben oder sich aufhängen, zum Theil aber einander bekriegen, würgen und morden, und so sich mehr Leiden verursachen, als jetzt die Natur ihnen auflegt.«

Melancholische Philosophen

»Warum erweisen sich alle außergewöhnlichen Männer in
Philosophie oder Politik oder Dichtung oder in den Künsten
als Melancholiker; und zwar ein Teil von ihnen so stark,
dass sie sogar von krankhaften Erscheinungen, die von der
schwarzen Galle ausgehen, ergriffen werden?«
Aristoteles, *Problemata*, ca. 350 v. Chr.

In der Welt metaphysischer Reflexion ist seit jeher ein pessimistischer Blick auf die Existenz vorherrschend. Wie wir
dem vorstehenden Aristoteles-Zitat entnehmen können,
fiel schon diesem großen griechischen Philosophen die
Neigung vieler Intellektueller zur Schwermut auf. Dass er
sich auf die Melancholie als »schwarze Galle« bezieht, ist
im Übrigen auf die Theorie seines Zeitgenossen, des
berühmten Arztes Hippokrates von Kos, zurückzuführen,
demzufolge es sich bei der Melancholie um eine durch den
Planeten Saturn verursachte Krankheit handele. Unter
dem Einfluss des Planeten, so Hippokrates, segregiere die
Milz des Patienten große Mengen schwarzer Galle – auf
Griechisch *melaina cholé* –, wodurch sich sein Seelen-
zustand verdüstere.

In den vergangenen fünf Jahrhunderten haben bedeutende Philosophen, denen der Gedanke schmeichelte,
ausgehend von einer Handvoll eleganter moralischer
Grundsätze die Geheimnisse der Existenz lüften zu können, zutiefst deprimierende Ansichten über den Sinn des
Lebens, die menschliche Natur und das Schicksal der
Sterblichen verbreitet. Ohne ein Experte für Philosophie
zu sein, scheint mir, dass eine negative Haltung bei dem
Engländer Thomas Hobbes (1588–1679), dem Schotten

David Hume (1711–1776), den Deutschen Immanuel Kant (1724–1804), Friedrich Nietzsche (1844–1900) und Martin Heidegger (1889–1976), dem Spanier José Ortega y Gasset (1883–1955) sowie dem Franzosen Jean-Paul Sartre (1905–1980) besonders ausgeprägt ist. Die Mehrheit dieser Denker war sich einig darin, dass nur wer das Leben nicht reflektiere, an einer hoffnungsvollen Haltung festhalten könne. Wie es der finstere dänische Philosoph Søren Kierkegaard in seinen *Tagebüchern* (1846) ausdrückte: »Wiewohl alle Menschen gleichermaßen verzweifelt sind, erfährt doch nur derjenige, der das Leben studiert, die Verzweiflung in ihrem ganzen Ausmaß. Wer das Leben nicht erforscht, spürt die Verzweiflung weniger stark und glaubt sich zufriedener.«

Nicht einmal die wenigen Philosophen, nach deren Meinung die Welt als gastlicher und fruchtbarer Ort für die Menschen geschaffen wurde, wussten zu vermeiden, dass sich in ihre an sich positiven Ausgangsgedanken fatalistische Elemente einschlichen, eine Haltung, die jegliche Möglichkeit von Verbesserungen leugnete und dazu einlud, Ungerechtigkeiten und Unglück als gegeben hinzunehmen. Das repräsentativste Beispiel dafür ist wohl der schwermütige Gottfried Leibniz (1646–1716). Als Spross einer streng protestantischen deutschen Familie hatte Leibniz Zeit seines Lebens mit ökonomischen Schwierigkeiten zu kämpfen und litt an Depressionen und schmerzhaften Krankheiten. Dennoch schrieb er in seiner Abhandlung über die Theodizee (die göttliche Gerechtigkeit), Gott habe seine unendliche Weisheit dazu eingesetzt, »die beste aller Welten« zu erschaffen, »eine optimale Welt«. Leibniz war der Erste, der dieses vom lateinischen *optimus* abgeleitete Wort benutzte. Die Sache hatte freilich einen Haken. Da es sich um eine Welt im vollkommenen Gleichgewicht handelte, die um den Preis kleinstmöglichen Übels die größtmögliche Menge an Gutem bot, musste jeder Versuch, sie zu verbessern, unweigerlich das Gleichgewicht stören und eine schlechtere Welt daraus machen. Diese Vorstellung formulierte der Londoner Schriftsteller Alexander Pope mit seiner witzigen Beobachtung: »Was nützt, [wenn] schon der Duft der Rose es vermag, dass dieses zarte Hirn gleich trifft der Schlag?«

Im Jahr 1759 verfasste der Pariser Autor François Arouet, besser bekannt als Voltaire, aus Unmut darüber, »dass einige partout finden, es sei alles gut, mögen die Dinge noch so sehr im Argen liegen«, seinen gefeierten Roman *Candide oder Der Optimismus*. In dieser geistreichen Erzählung zieht Voltaire mit spitzer Feder eine allzu positive Weltsicht ins Lächerliche. Rufen wir uns kurz die ergötzliche Geschichte des Candide in Erinnerung, dieser berühmtesten aller Karikaturen des Optimismus in der Literatur.

Candide ist ein fröhlicher Bursche von bescheidenem Auftreten und aufrechtem Sinn, an dessen unschuldigem Gesicht sich sofort ablesen lässt, was ihm durch den Kopf geht. Er lebt mit seinem Onkel, einem gestrengen und mächtigen Baron, auf einem Schloss in Westfalen. Sein Erzieher Magister Panglos ist ein Philosoph, der strikt vertritt, es sei »alles, was da ist, zu einem Endzweck geschaffen worden, und so zielt notwendig alles zu dem besten Endzweck ab [...] Seht die Quadersteine an! Sie wachsen, um zersägt, behauen und zum Bau der Paläste verwandt zu werden [...] Die Schweine schuf Gott, damit der Mensch sie äße, essen wir nicht Schweinefleisch jahraus, jahrein? Folglich ist es Torheit, mit einigen zu behaupten, dass alles gut gemacht ist, aufs Beste ist alles gemacht, muss man sagen.«

Eines Tages kommt dem Baron zu Ohren, Candide habe sich in seine Tochter Kunegunde verliebt, und er jagt ihn deshalb vom Schloss. Von diesem Augenblick an folgt im Leben des Liebespaars und des Magisters eine Tragödie auf die andere. Wenige Tage nach Verlassen des Schlosses wird Candide von bulgarischen Soldaten gefangen genommen und gefoltert. Er entkommt und flieht nach Lissabon, wo er nur durch ein Wunder ein schweres Erdbeben überlebt. Dort trifft er auch die unselige Kunegunde wieder, die von einem Bulgaren vergewaltigt und mit einem Dolch verletzt wurde. Unterdessen gerät Magister Panglos, der ebenfalls nach Lissabon geflohen ist, in Haft und wird von der portugiesischen Inquisition gequält und beinahe gehängt, da man dort seine Vorstellung von der »vollkommenen Welt« für unvereinbar mit dem Dogma der Erbsünde hält. Um seinen Hals zu retten, heuert Panglos als Ruderer auf einer türkischen Galeere an.

Nach unzähligen Wechselfällen reisen Candide und Panglos nach Konstantinopel. Dort treffen sie auf eine gealterte Kunegunde, die einem grausamen türkischen Potentaten als Sklavin dienen musste und sich in entsprechend bejammernswertem Zustand befindet. Im Angesicht von so viel Unglück beschließen die drei, aufs Land zu ziehen. Während sie das Feld bestellen, erinnert Panglos seinen Schüler Candide immer wieder: »Jegliche Begebenheit im menschlichen Leben gehört in die Kette der Dinge. Denn wären Sie nicht Baroness Kunegundens halber mit derben Fußtritten aus dem schönsten aller Schlösser gejagt, von der Inquisition nicht eingezogen worden, hätten Sie nicht Amerika zu Fuße durchwandert, [...] so würden Sie jetzt nicht hier eingemachten Zedrat und Pistazien essen.« Worauf Candide resigniert und ohne aufzublicken erwidert: »Gut gesagt! recht gut!, allein wir müssen unsern Garten bestellen.«

Fünf Jahre später greift Voltaire das Thema Optimismus in seinem *Philosophischen Wörterbuch* (1764) erneut auf. Diesmal konfrontiert er die Kritiker, die sich mit seiner negativen Sicht auf die Welt nicht einverstanden zeigten, mit einer ironischen Herausforderung: »Seht aus dem Fenster, und Ihr werdet nur Unglückliche finden. Und wenn Ihr Euch dabei erkältet, so werdet auch Ihr Euch zu den Unglückseligen zählen dürfen.«

Hoffnungsvolle Beobachter

»Wer aufhört, über Gut und Böse zu theoretisieren,
und sich darauf konzentriert, die Tatsachen kennenzulernen,
wird wohl eher das Gute finden als diejenigen,
die die Welt im Zerrspiegel ihrer Vorurteile sehen.«
Bertrand Russell

Anderthalb Jahrhunderte mussten vergehen, bis jemand antrat, der auf Voltaires Herausforderung antwortete. Für mich repräsentieren vor allem zwei Männer die kleine Gruppe von Pionieren unter den Philosophen, die sich aus ihrem trägen Sessel erhoben und neugierig aus dem Fenster der Studierstube blickten, um ihre Mitmenschen in ihrer natürlichen Lebenswelt zu beobachten. Das sind der aus Bilbao stammende Denker Miguel de Unamuno (1864 – 1936) und der englische Mathematiker Bertrand Russell (1872 – 1970).

Unamuno war erschüttert, Spanier und Spanierinnen zu sehen, »die nicht Komödie wollen, sondern Tragödie«. Wie er in seiner Essaysammlung *Das tragische Lebensgefühl* (1913) erzählt, fand er unter seinen Landsleuten viele »still Verzweifelte, die glauben, alles sei zum Untergang ver-

dammt, auch wenn dies niemals eintreten mag«. Den
Grund für eine solche Neigung zum Pessimismus sah der
große Intellektuelle mal in einer vorübergehenden Erkrankung, mal in Eitelkeit oder Snobismus, dann wieder im
persönlichen Charakter. Es lag Unamuno jedoch fern, den
Mut zu verlieren oder sich von der pessimistischen Haltung seiner Landsleute anstecken zu lassen. Vielmehr beschloss er, den menschlichen Geist noch tiefer zu erforschen, und fand schließlich Trost darin, alles auf den
Glauben an ein Leben nach dem Tod zu setzen: »Die Unsterblichkeit muss man herbeisehnen, so absurd uns das
scheinen mag; ja, man muss an sie glauben, wie man es
eben vermag.« Gleichzeitig wurde ihm klar, dass bei vielen
Menschen ein kämpferischer Geist ein mächtiges Gegenmittel gegen Schwarzseherei darstellt: »Ein Pessimist, der
aufsteht und sich verteidigt, hört auf, einer zu sein.« Unamuno zufolge werden Optimisten von ihren Idealen angetrieben, daher »kämpfen sie und lassen sich von Wider-
ständen nicht entmutigen«.

Unamuno pries die Fähigkeit, über sich selbst lachen zu
können, und riet: »Wir alle sollten lernen, uns vor anderen
und vor uns selbst über uns lustig zu machen.« Um diesen
Gedanken zu illustrieren, dachte er sich folgende Erzählung aus: »Als Don Quijote starb und in die Hölle kam,
legte er die Lanze ein und befreite sämtliche Verdammten,
wie seinerzeit die Galeerensträflinge. Er schloss die Höl-
lenpforten und riss das Schild mit der Aufschrift ›Lasst alle
Hoffnung fahren‹ ab, das Dante dort gesehen hatte. Dafür
brachte er ein neues an, auf dem zu lesen stand: ›Es lebe
die Hoffnung!‹ Und so fuhr er zusammen mit den Freige-
lassenen, die dabei über ihn lachten, zum Himmel auf.«
Unamuno unterstrich die Macht, mit der Optimismus und
Pessimismus unser Denken prägen: »Nicht unsere Gedan-

ken machen uns zu Optimisten oder Pessimisten«, schrieb er. »Vielmehr formen unser Optimismus oder Pessimismus – seien sie physiologischer oder pathologischer Natur – unsere Gedanken.«

Auch Bertrand Russell, ein Zeitgenosse Unamunos, zählt zu den Denkern, die aus dem Fenster sahen, um die Wirklichkeit zu erkennen. In seinem meisterlichen Band *Die Eroberung des Glücks* (1930) berichtet Russell, ihm seien im Leben mehr glückliche als unglückliche Menschen begegnet. Dabei sei ihm klar geworden, dass sich beide Gruppen am meisten durch ihre Begeisterungsfähigkeit unterschieden. Trotz einer schweren Jugend – »während meiner Jugendzeit war mir das Leben verhasst, und ich spielte ständig mit dem Gedanken an Selbstmord« – zeichnete sich Russell später durch seine grenzenlose Vitalität, seinen Sinn für Humor und sein pazifistisches Engagement aus. Bis zum Tod im Alter von 98 Jahren hob er in seinen Schriften immer wieder hervor, dass die meisten Menschen am Leben hängen. Darüber hinaus wies er darauf hin, dass diejenigen, die eine offene und positive Grundeinstellung an den Tag legten, ein erfüllteres Leben führten und sich besser an wechselnde Umstände anpassten als jene, bei denen eine negative Haltung oder innerer Widerstand gegen ihre Umgebung vorherrschten. Um diese Beobachtung zu erklären, verwendet Russell die Erdbeere als Metapher für das Leben: »Es gibt ja keinen objektiven, unpersönlichen Maßstab dafür, ob Erdbeeren gut sind oder nicht, sondern dem, der sie mag, schmecken sie, und dem andern nicht. Allein derjenige, dem sie schmecken, hat einen Genuss, den der andere nicht kennt.«

Unamuno und Russell sind Beispiele für Denker, die den Optimismus nicht im Reich der Träumerei und abstrakten Spekulation, sondern auf direktem Wege bei den Menschen suchten und ihn auch fanden. In meinen Augen beruht der Pessimismus so vieler aufgeklärter Philosophen, die das Leben und den Grund aller Dinge untersuchen, bis heute darauf, dass sie mit aller Gewalt vorgefasste Moralvorstellungen in ihre fatalistischen Theorien pressen wollen. Ich vermute, ihre Sicht auf die Menschheit würde viel positiver und auch realistischer ausfallen, wenn sie sich aus dem Gefängnis ihres Geistes befreiten und Menschen von echtem Fleisch und Blut aus der Nähe betrachteten, bevor sie ihre Theorien aufstellen.

Nichts hat schließlich so sehr zu unserem Wissen beigetragen wie die wissenschaftliche Methode, die auf Beobachtung und genauer Analyse von Phänomenen gründet. Ernsthafte Wissenschaftler erfinden keine Wahrheiten, sie entdecken sie. Im Folgenden skizziere ich den Beitrag einiger genialer Forscher zum Verständnis der Grundlagen des Optimismus.

Die Wissenschaft vom Optimismus

»Nichts ist zu wunderbar, um wahr zu sein.«
Michael Faraday

Die Bedeutung der Dinge

»Wenn man zwei Stunden mit einem netten Mädchen
zusammensitzt, meint man, es wäre eine Minute.
Sitzt man jedoch eine Minute auf einem heißen Ofen,
meint man, es wären zwei Stunden. Das ist Relativität.«
Albert Einstein, Zitat in seinem Nachruf in der
New York Times, 19. April 1955

Zu Beginn des vergangenen Jahrhunderts untersuchte
der russische Wissenschaftler Iwan P. Pawlow, Nobelpreis-
träger für Medizin 1904, in seinem Labor an der Universität von Sankt Petersburg, welche Rolle der Speichel bei
der Verdauung von Nahrungsmitteln spielt. Eines Tages
stellte er zu seinem Erstaunen fest, dass die Hunde, die
er seit einer Woche fütterte, Speichel absonderten, sobald
sie ihn ins Labor kommen sahen, auch wenn er gar kein
Fressen brachte. Intuitiv schloss der Forscher, die Tiere
würden Speichel produzieren, weil sie das Essen mit seinem weißen Laborkittel assoziierten. Um diesen Verdacht
zu erhärten, dachte sich Pawlow ein Experiment aus. Er
ließ, sooft er die Hunde fütterte, eine Glocke klingeln.
Nach einigen Tagen löste der Glockenton bei den Versuchs-
tieren die Sekretion von Verdauungssäften aus, auch wenn
es nichts zu fressen gab. Pawlow zufolge produzierten
die Hunde Verdauungssäfte, weil sie gelernt hatten, dem
Klingeln – so wie zuvor dem weißen Laborkittel – dieselbe Bedeutung zuzuordnen wie dem Fressen. Den Rest
seiner Forscherlaufbahn verbrachte Pawlow damit, diese
assoziative Zuweisung von Bedeutung zu studieren, die

in der Psychologie als »klassische Konditionierung« bekannt ist.

Im Jahr 1920 bewies der US-Psychologe John B. Watson in seinem Labor an der John Hopkins University in einem für seine Brutalität stark kritisierten Experiment, dass auch die Bedeutung, die Menschen einer Sache zuschreiben, von den Umständen abhängt, in denen sie sie wahrnehmen. Watson konditionierte einen kleinen Jungen namens Albert darauf, auf den Anblick einer harmlosen weißen Laborratte panisch zu reagieren, indem er das Auftauchen der Ratte mehrmals mit einem äußerst unangenehmen Geräusch zusammenfallen ließ. Heute bezweifelt niemand mehr, dass Menschen ein und denselben Geschehnissen oder Situationen ganz subjektive Bedeutung zumessen und daher sehr unterschiedlich reagieren: Was für das eine Kind ein süßes, verspieltes weißes Mäuslein ist, das sieht ein anderes Kind als gefährliches, schreckenerregendes Monster.

Da wir dazu neigen, uns primär an abstrakten Konzepten und symbolischen Mustern zu orientieren, gewinnt die Frage nach der Bedeutung eine besondere Relevanz. Bedenkt man, welche Heldentaten beziehungsweise Abscheulichkeiten im Laufe der Geschichte vollbracht wurden, um ein paar farbige Wimpel oder Nationalflaggen oder Zeichen wie das Kreuz und den Halbmond zu verteidigen, so begreift man rasch, was für eine gewaltige Rolle Symbole im Leben der Menschen spielen.

Konnotationen, also hinzugefügte Bedeutungen, die wir Dingen per Assoziation zuschreiben, stehen unserer persönlichen Erfahrung fast immer näher als die wörtliche, objektive Bedeutung (Denotation). Eine Verletzung zum Beispiel erhält für uns einen ganz anderen Sinn, wenn wir sie bei einem Unfall erlitten haben, als wenn sie uns durch einen tätlichen Angriff zugefügt wurde. Die Narbe, die wir bei einer Operation davongetragen haben, bedeutet nicht das Gleiche wie eine Narbe von einem Messerstich. Es gibt zahlreiche Belege dafür, dass von Menschen absichtlich verübte Gewalt beim Opfer schlimmere und dauerhaftere psychische Schäden hinterlässt als Naturkatastrophen oder sonstige Unglücksfälle, selbst wenn sie gravierende körperliche Folgen gehabt haben sollten.

In uns allen lebt das Bedürfnis, unseren Emotionen eine Bedeutung zu geben, sie einzuordnen und eine Ursache dafür zu finden. Dieses Bedürfnis ist so stark, dass wir sogar dann spontan dazu neigen, Erregung auf äußere Umstände zurückzuführen, wenn sie rein physiologisch bedingt ist – wenn sie zum Beispiel künstlich durch eine chemische Substanz wie Adrenalin hervorgerufen wurde, das Herzrasen, Nervosität und erhöhten Blutdruck verursacht. Eben dies wurde von Stanley Schachter, einem Psychologen an der Stanford University, in einem ausgeklügelten Experiment nachgewiesen. Die Probanden waren Studenten, die sich freiwillig gemeldet hatten. Zu Beginn erhielten sie die – falsche – Information, in dem Experiment gehe es darum, die Wirkung eines neuen Medikaments zur Verbesserung der Sehkraft zu testen. In Wahrheit handelte es sich dabei um Adrenalin, das, wie gesagt, einzig und allein den Erregungspegel hebt, ohne die Emotionen positiv oder negativ zu beeinflussen. Im weiteren Verlauf des Experiments teilten die Forscher einer Gruppe von Teilnehmern – den »Informierten« – mit, das verabreichte Medikament verursache nervöse Anspannung und Herzrasen, prognostizierten einer zweiten – den »falsch Informierten« – unzutreffende Auswirkungen wie Taubheitsgefühle in den Füßen und sagten einer dritten – den »Uninformierten« –, sie hätten mit keinen Nebenwirkungen zu rechnen. Die verbliebenen Teilnehmer bildeten die Placebo-Kontrollgruppe.

Nun wurde den Teilnehmern Adrenalin gespritzt, der Placebo-Kontrollgruppe nur eine Kochsalzlösung. Nach wenigen Minuten führte man die erste Gruppe in einen Saal, in dem ein Schauspieler im Auftrag des Versuchsleiters eine angenehme, joviale Atmosphäre schuf. Eine zweite Gruppe wurde in einen Saal gebracht, wo ein anderer Schauspieler eine feindselige, gereizte Stimmung verbreitete. Nach Abschluss des Versuchs füllten alle Teilnehmer einen Fragebogen aus, in dem sie ihren Gefühlszustand schilderten. Diejenigen, die man über die tatsächliche Wirkung des Adrenalins informiert hatte, beschrieben ihren Zustand als »erregt«, verzeichneten jedoch weder positive noch negative Gefühle. Schließlich wussten sie, dass es das Medikament war, das sie in einen Zustand nervöser Erregung versetzt hatte, und nicht die Schauspieler. Die »nicht informierten« und die »falsch informierten« Teilnehmer dagegen zeigten sich je nachdem, welcher fiktiven Situation man sie ausgesetzt hatte, fröhlich oder ärgerlich. Somit wurde ein und dieselbe, vom Adrenalin verursachte physiologische Reaktion durch diejenigen, die darauf vorbereitet waren, als Wirkung des Adrenalins interpretiert; die aber, denen der Effekt des Adrenalins verschwiegen oder falsch dargestellt worden war, empfanden abhängig von einem fiktiven sozialen Rahmen freudige Erregung oder Ärger. Es war also allen Teilnehmern ein Bedürfnis, ihren emotionalen Zustand zu interpretieren, und jeder tat das auf seine Weise.

Die Relativität der Gefühle, die bestimmte Situationen und symbolisch aufgeladene Gegenstände und Zeichen in uns hervorrufen, erklärt zu einem gewissen Teil unsere optimistische oder pessimistische Haltung dazu. Die Subjektivität unserer Wahrnehmungen ist Grundlage für sogenannte projektive psychologische Tests, die dazu verwendet werden, Persönlichkeitstypen zu untersuchen. Das älteste und bekannteste dieser Experimente ist wohl der Rorschachtest, der Anfang des 20. Jahrhunderts von dem jungen Schweizer Psychiater Hermann Rorschach (1884 – 1922) entwickelt wurde. Von klein auf interessierte sich Rorschach derart für die optische Wirkung von Tintenklecksen, dass er in der Schule den Spitznamen »Klecks« erhielt. Bei einem seiner ersten Versuche legte er 400 Freiwilligen eine Auswahl von zehn Tintenklecksen vor, um ihre Phantasie anzuregen. Die einen erkannten oder besser: projizierten in die vieldeutigen Bilder Menschen, andere sahen darin Tiere, manche meinten Bewegung und Austausch zwischen verschiedenen Elementen auszumachen, und zahlreichen Teilnehmern kamen prägende Erlebnisse aus ihrer Vergangenheit in den Sinn. Heute werden solche stetig weiterentwickelten Tests in der klinischen Psychologie angewandt, um Charakterzüge festzustellen, emotionale Konflikte aufzuklären und sogar seelische Störungen zu diagnostizieren.

Wie die innere Haltung eines Menschen seine Sicht der Welt prägt, das zeigt die alte Frage nach dem halb vollen oder halb leeren Glas in zwar vereinfachender, aber doch sehr aufschlussreicher Weise. Mit dem »Glas des Lebens« verhält es sich ebenso. Die einen sehen es voller Möglichkeiten und schöpfen daraus Hoffnung, andere wiederum können darin nur wenige Chancen erkennen und nehmen dies betrübt zur Kenntnis. Wiewohl kein Wissenschaftler im engeren Sinn, hat der Jesuit Baltasar Gracián diese Subjektivität der Wahrnehmung in seinem vor dreieinhalb Jahrhunderten verfassten Roman *Das Kritikon* dramatisch ausformuliert. Die Hauptfiguren seiner Geschichte sind

Andrenio, ein junger Wilder, der zu Beginn der Handlung auf einer abgelegenen Insel lebt, und Critilo, ein hochgebildeter Mann, dem Andrenio nach einem Schiffbruch das Leben rettet. Zusammen gehen die beiden auf eine weite Reise, bei der sie mannigfache Hindernisse zu überwinden haben. Am Ende des Romans treffen sie auf Frau Tod, »die Schwiegermutter des Lebens«. Hier ihre Reaktionen beim Anblick von Frau Tod:

Andrenio: »Wie hässlich!«
Critilo: »Wie schön!«
A.: »Ungeheuerlich!«
C.: »Herrlich!«
A.: »In düsterem Schwarz.«
C.: »Nein, in Grün.«
A.: »Rabenmutter muss sie sein.«
C.: »Nein, Anverlobte.«
A.: »Wie abweisend!«
C.: »Wie anziehend!«
A.: »Armselig!«
C.: »Reich!«
A.: »Trübselig!«
C.: »Lachend!«

Es zeigt sich, dass es keine allgemeingültige Interpretation der Welt gibt. Jeder sieht die Dinge, die für ihn wichtig sind, auf seine Art, oder um es mit dem asturischen Schriftsteller Ramón de Campoamor zu sagen, je nach der Farbe der Gläser, durch die er blickt.

Es ist interessant festzustellen, dass für die moderne Physik, seit der deutsche Forscher Albert Einstein 1905 die spezielle Relativitätstheorie formulierte, Subjektivität etwas ganz Selbstverständliches ist. Besagte Theorie verwandelte bis dahin als exakt oder absolut gesetzte Begriffe wie die Geschwindigkeit des Lichts oder Raum und Zeit in veränderliche, relative Elemente. Sie basiert im Wesentlichen auf der Tatsache, dass der Standpunkt des Betrachters unweigerlich seine Wahrnehmung dessen beeinflusst, was er beobachtet.

Erlernte Hoffnungslosigkeit

»Die Hoffnung hat so viele Leben wie eine Katze, aber mehr auch nicht.«
Henry W. Longfellow, *Hyperion*, 1839

Mitte der 1980er-Jahre leistete eine Reihe von Versuchen an Meerschweinchen und Hunden einen interessanten Beitrag zum Verständnis des Optimismus. Die Testreihe belegte, dass es einen Zusammenhang gibt zwischen dem Gefühl, in widriger Lage sein Glück selbst in der Hand zu haben, und einer hoffnungsvollen Haltung. Richard G. M. Morris, Professor für Neurowissenschaften an der University of Edinburgh, führte ein aus zwei konsekutiven Tests bestehendes Laborexperiment durch, um das Gedächtnis von Nagetieren zu erforschen. Zunächst wählte er zufällig zwei Dutzend Versuchstiere. Als ersten Test setzte er die Hälfte davon in einen Behälter mit Wasser, das durch Zugabe von Milch getrübt worden war; dadurch konnten die Nager nicht sehen, dass sich am Grund des Behälters ein paar Plattformen befanden. Diese Gruppe waren die »glücklichen« Nager, denn während sie sich über Wasser zu halten versuchten, fanden sie gelegentlich auf den verborgenen Unterwasserinseln Halt und konnten sich ausruhen, um dann weiter nach einem Weg aus dem Behälter heraus zu suchen. Die zweite Gruppe von Testtieren kam in einen ähnlichen Behälter, der aber keinerlei Möglichkeit zur Rast bot. Diese »glücklosen« Nager mussten ohne Pause um ihr Leben schwimmen, um nicht unterzugehen. Nach einer gewissen Zeit holte Morris alle Tiere aus dem Wasser und wartete, bis sie sich erholt hatten.

Nun kam der entscheidende zweite Test: Der Forscher setzte sämtliche 24 Versuchstiere in einen Behälter mit Wasser, das wiederum mit Milch eingetrübt war und in dem es keine Ruheinseln gab. Während nun die »glücklichen« Nager, die im ersten Test in ihrem Behälter hatten rasten können, in ruhigem Rhythmus dahinpaddelten, ruderten die »glücklosen« Tiere verzweifelt und ziellos umher. Kurz bevor die entkräfteten Versuchstiere unter der Wasseroberfläche verschwanden, zog Morris eines nach dem anderen heraus, notierte die Zeit, die sie im Wasser verbracht hatten, und setzte sie wieder in ihren Käfig. Vermutlich konnten die erschöpften Tiere kaum glauben, dass sie noch am Leben waren.

Als Morris berechnete, wie lange sich die Nager jeweils über Wasser gehalten hatten, fand er heraus, dass die Gruppe der »Glücklichen« über doppelt so lange ausgehalten hatte als die der »Glücklosen«. Er schloss daraus, dass die »glücklichen« Tiere ruhiger und länger geschwommen waren, weil sie sich an die unsichtbaren Rettungsinseln aus dem ersten Test erinnerten. Dies, so Morris, motivierte sie dazu, auch jetzt nach ihnen zu suchen: Sie konnten »hoffen«, auf welche zu stoßen. Diejenigen, die im ersten Test keine Zuflucht gefunden hatten, waren weniger motiviert zu schwimmen, selbst wenn es um ihr Leben ging.

Etwa zur gleichen Zeit untersuchte Professor Martin Seligman in einem Labor der University of Pennsylvania mit einem ähnlichen Versuchsaufbau das Verhalten von

Hunden, die verschiedenen stresserzeugenden Situationen ausgesetzt wurden. In seinem bekanntesten Experiment bildete Seligman zwei Zufallsgruppen von Hunden. Anschließend steckte er die eine Gruppe in einen Metallkäfig, wo den Tieren in kurzen Abständen schmerzhafte Stromschläge versetzt wurden. Was diese bemitleidenswerten Hunde auch taten, sie konnten nicht entkommen. Die zweite Gruppe wurde ebenfalls in einen Metallkäfig gesteckt und mit Stromschlägen traktiert, doch diese Hunde hatten die Möglichkeit, den Käfig zu verlassen, indem sie mit der Schnauze eine Klappe aufstießen. In einem zweiten Experiment sperrte Seligman nun alle Hunde in einen Käfig, aus dem sie entkommen konnten, indem sie über eine niedrige Wand sprangen. Während die Hunde, denen es beim ersten Test gelungen war, den Stromschlägen zu entrinnen, sich nach wenigen Sekunden befreiten, unternahmen diejenigen, die den Stromschlägen hilflos ausgesetzt gewesen waren, keinerlei Anstrengung, der Qual zu entkommen, sondern verharrten passiv.

Seligman definierte die Reaktion dieser passiv leidenden Hunde als Hilflosigkeit und schloss, dass die Versuchstiere im ersten Versuch gelernt hatten, sich hilflos zu fühlen. Daher zogen sie, als sie später in eine ungünstige Lage kamen, die Möglichkeit, Einfluss auf ihr Geschick zu nehmen, gar nicht erst in Betracht. Sie waren gewissermaßen zu hoffnungslosen Hunden geworden. »Die Hunde mussten während des ersten Teils des Experiments gelernt haben, dass sie hilflos waren. Deshalb hatten sie aufgegeben [...] Bei der Pawlow'schen Konditionierung – als die Schocks unabhängig vom Verhalten der Hunde einsetzten und aufhörten – hatten sie gemerkt bzw. ›gelernt‹, dass nichts, was sie taten, etwas bewirkte. [...] Warum sollten sie es dann weiter versuchen?«, spekulierte Seligman.

Außerdem beobachtete er, dass diese »pessimistischen« Hunde im Laufe der Zeit eher krank wurden und eine geringere Lebenserwartung hatten als diejenigen, die keiner hilflosen Lage ausgesetzt worden waren.

Binnen Kurzem gelang es verschiedenen Wissenschaftlern in Europa und den Vereinigten Staaten nachzuweisen, dass das Phänomen der erlernten Hilflosigkeit sich auch bei Menschen gezielt herbeiführen ließ. So neigten Versuchspersonen, die unangenehmen Bedingungen wie einem lästigen Geräusch ausgesetzt wurden, ohne sich dem entziehen zu können, auch in späteren unliebsamen Situationen zu Passivität, selbst wenn diesmal geringe Anstrengungen genügt hätten, um sich davon zu befreien. Legte man zum Beispiel Studenten Aufgaben vor, für die es keine Lösung gab – was sie nicht wussten –, so zeigten sie bei späteren Tests mit lösbaren Aufgaben weniger Interesse daran, sie zu entschlüsseln, als Kommilitonen, die nicht an dem frustrierenden ersten Test teilgenommen hatten.

Es ist mittlerweile bewiesen, dass Menschen, die überzeugt davon sind, ihre Situation einigermaßen im Griff zu haben, und glauben, »das Steuer in der Hand zu halten«, auch wenn das nicht stimmt, Problemen mit einer positiveren Einstellung entgegentreten als diejenigen, die keine Wahl zu haben glauben oder ihren Entscheidungen keine Konsequenzen zutrauen. Susan C. Vaughan, Psychiaterin an der Columbia University, kam auf der Grundlage zahlreicher klinischer Tests zu dem Schluss, dass Menschen, die sich selbst die Kontrolle über ihre Lage zuschreiben, ihre negativen Gefühle besser im Zaum halten könnten, und das auch in Situationen großer innerer Anspannung.

In einem bemerkenswerten Experiment, das der Psychologe William Sanderson von der Rutgers University durchführte, erklärten sich 20 Patienten, die an Panik-attacken litten, dazu bereit, freiwillig Kohlendioxid einzu-atmen (ein Gas, das Panikattacken hervorruft). Vor Beginn des Experiments gab Sanderson der Hälfte der Probanden die falsche Information, sie könnten mithilfe eines kleinen Reglers zu jeder Zeit die einzuatmende Menge an giftigem Gas kontrollieren. Der zweiten Gruppe wurde gesagt, sie hätte keinen Einfluss auf die Zusammensetzung der Luft. Obwohl beide Gruppen einen gleich hohen Kohlendi-oxidanteil zu atmen bekamen, erlitten nur 20 Prozent der Patienten, die die Kontrolle zu haben glaubten, eine Panik-attacke. Unter denen, die keinen Einfluss auf die Luftzu-sammensetzung zu haben glaubten, lag der Anteil von Panikattacken bei 80 Prozent.

Wie ich im Kapitel »Was den Optimismus vergiftet« noch näher erläutern werde, untergräbt ein anhaltendes Gefühl von Hilflosigkeit in widrigen Situationen die Hoffnung, lässt das Leben in einem düsteren Licht erscheinen und schadet dem Optimismus der Menschen.

Abwehrmechanismen

»Leute, die vorwärtskommen in dieser Welt,
das sind Leute, die aufbrechen, die suchen nach den
Verhältnissen, die sie brauchen, und wenn sie die
nicht finden, dann schaffen sie sie.«
George Bernard Shaw, *Frau Warrens Beruf*, 1898

Die Fähigkeit, sich zu verstellen, um seine Überlebens-chancen zu verbessern, ist im Tierreich weitverbreitet. Es gibt harmlose Schlangen, die sich mit der Pigmentierung von Giftschlangen tarnen und dadurch unverdienten Respekt von ihren natürlichen Feinden einheimsen. Füchse stellen sich tot, wenn sie in Gefahr schweben, damit der Angreifer das Interesse verliert, und Schimpansen fangen in Anwesenheit eines dominanten Männchens in auffälliger Weise an zu hinken, um ihre Haut zu retten. Bei Menschen ist die Fähigkeit, die Realität umzuformen und sich dadurch zu schützen, besonders nützlich, wenn um den Erhalt des Selbstwertgefühls und der emotionalen Stabilität geht. Obwohl Sigmund Freud zum Fatalismus neigte und in seinem umfangreichen Werk den Optimismus kaum erwähnt, hat er einiges zum Verständnis der Tricks beigetragen, die wir Menschen unbewusst einsetzen, um unserer Angst und Verzweiflung zu entrinnen. Bei einer Gelegenheit interpretierte er Machtphantasien und Galgenhumor, wie sie häufig bei Verurteilten vor ihrer Hinrichtung auftreten, gar als »siegreich behauptete Unverletzlichkeit des Ichs«.

Freud erkannte also die menschliche Fähigkeit, mithilfe mächtiger Abwehrmechanismen die schmerzhafte Wirkung von Enttäuschungen und Frustrationen zu dämpfen, die unser Glück infrage stellen. Wenn uns unerfüllte Wünsche plagen, so Freud, verdrängen wir sie in den nebulösen Teil der Psyche, den wir das Unbewusste nennen. Dort begraben und vergessen wir sie, oder wir wandeln sie in akzeptablere Vorstellungen um, oder aber wir sublimieren sie zu einer Tätigkeit, die gesellschaftlich akzeptiert ist. Wenngleich der Vater der Psychoanalyse zu bedenken gab, dass die Unterdrückung von sexuellen oder aggressiven Trieben zu Angststörungen, Obsessionen und Phobien führen könne, sah er doch auch, dass die Hauptfunktion unserer Abwehrmechanismen darin besteht, uns in einem emotionalen Zustand der Ruhe und Hoffnung zu halten.

Ein gesundes Maß an selektivem Vergessen hilft uns zu überleben. In den letzten 25 Jahren wurden zahlreiche Studien durchgeführt, um den Einsatz des Gedächtnisses bei der Verarbeitung schlimmer Erfahrungen und der Erhaltung einer optimistischen Perspektive zu erforschen. In seiner Analyse von Dutzenden von Experimenten kam David C. Rubin, Professor für Experimentalpsychologie an der Duke University (North Carolina), zu dem Schluss, dass wir Menschen uns im Allgemeinen eher an positive als an negative Erfahrungen erinnern – außer natürlich unter dem Einfluss von Depressionen. Der Psychologe Charles P. Thompson von der Kansas University beschloss, diese Hypothese genau unter die Lupe zu nehmen. Zu diesem Zweck stellte er eine umfangreiche Gruppe von Personen zusammen, die seit mindestens 15 Jahren ein persönliches Tagebuch führten. Thompson bat sie, die aus ihrer Sicht wichtigsten Ereignisse zu schildern, ohne in den Aufzeichnungen nachzusehen. Es zeigte sich, dass die überwiegende Mehrheit der Testpersonen Niederlagen und Zurückweisungen, die sie im Lauf der Jahre erlitten hatten, als vergleichsweise unwichtig einstufte oder ganz überging.

Wir schützen uns vor den schmerzlichen Folgen von Enttäuschungen nicht nur durch besagte Abwehrmechanismen, sondern greifen auch auf vorteilhafte Rationalisierungen zurück, die uns erlauben, unseren Enthusiasmus am Leben zu erhalten. So neigen wir alle dazu, uns einen größeren persönlichen Anteil an Erfolgen zuzuschreiben als an Misserfolgen. Bei Sportlern ist es gang und gäbe, dass sie sich das Verdienst an einem Sieg zusprechen, für eine Niederlage jedoch die Mannschaft oder den Schiedsrichter verantwortlich machen. Wenn Studenten in einer Prüfung durchfallen, so geben sie häufig dem Prüfer oder den Umständen die Schuld. Dasselbe gilt für die Einschätzung künftiger Ereignisse: Studenten im ersten Semester antworten in Umfragen mehrheitlich, sie rechneten damit, ihr Studium in der Regelstudienzeit abzuschließen. In Wahrheit jedoch gelangt nur eine Minderheit zum Abschluss, ohne ein Jahr wiederholt zu haben.

Diese Untersuchungsergebnisse stimmen mit der Theorie überein, die der brillante New Yorker Psychologe Leon Festinger im Jahr 1957 unter dem Stichwort *kognitive Dissonanz* formulierte. Bei der Erklärung oder Rechtfertigung von Sachverhalten suchen wir uns die Argumente, die am besten zu unseren Überzeugungen und unserem Verhalten passen. So vermeiden wir die Zwiespältigkeit von unangenehmen Gefühlen, die sich aus inneren Widersprüchen ergeben. Wenn zum Beispiel ein gewohnheitsmäßiger Raucher erfährt, dass der Tabakkonsum seine Gesundheit schädigt, so kommt es zu einer Dissonanz, das heißt zu einem Konflikt zwischen dieser Information und seinem gewohnheitsmäßigen Verhalten. Um das beunruhigende Gefühl loszuwerden, das ihm dieser Konflikt verschafft, könnte der Raucher das Rauchen aufgeben. Eine solche Entscheidung wäre ein logischer Schluss aus seinem Wissen, dass Nikotin schädlich ist. Alternativ dazu kann der Raucher die gesundheitsschädigenden Folgen des Tabakkonsums kleinreden oder negieren oder aber auf die Vorteile des Nikotins abheben: Rauchen helfe ihm gegen Stress oder dabei, kein Gewicht zuzulegen. Desgleichen könnte er sich mit der Rationalisierung beruhigen, die Gefahr einer Zigarette sei im Vergleich zu den Risiken im Straßenverkehr minimal. Oder er könnte sich schließlich einreden, Rauchen sei das Risiko wert, weil es für ihn einen grundlegenden Genussfaktor darstellt, ohne den er nicht auskommen will. Dieses Argument verwendete der existenzialistische Philosoph Jean-Paul Sartre mit seinem Ausspruch: »Ohne Rauchen ist das Leben nicht lebenswert.« Immer geht es jedenfalls darum, einen Gedanken zu finden, der hilft, die von der Dissonanz oder Unstimmigkeit verursachten negativen Gefühle zu umgehen.

Die kognitive Dissonanz und die Mechanismen, durch die wir sie außer Kraft setzen, bieten nützliches Anschauungsmaterial, um die mehr oder weniger bewussten Strategien zu verstehen, mit deren Hilfe wir unsere optimistische oder pessimistische Haltung aufrechterhalten. So wird ein Optimist versuchen, die Widersprüche, die ein Schicksalsschlag für seine Weltsicht bedeutet, dadurch auszuschalten, dass er mögliche positive Konsequenzen in den Blick nimmt, die sich daraus ergeben könnten – beispielsweise mit dem Spruch: »Es hätte noch schlimmer kommen können.« Für pessimistisch Veranlagte wiederum bringen gute Neuigkeiten oder Glücksfälle ein unwillkommenes Dissonanzempfinden mit sich. Sie werden also die Bedeutung solcher Ereignisse kleinreden oder auf Maximen zurückgreifen wie: »Wer Gutes tut, ist am Ende der Dumme«, »Alles hat seinen Preis« oder »Ausnahmen bestätigen die Regel«.

Bei schweren Krankheiten werden die angesprochenen Abwehrmechanismen typischerweise besonders deutlich. Meine Erfahrung ist, dass Patienten mit lebensgefährlichen Erkrankungen zwar eine Diagnose hören und die Wahrscheinlichkeit kennen wollen, wieder gesund zu werden, doch nicht alle möchten Hiobsbotschaften erfahren. Wenn sie eine schlechte Prognose fürchten, fragen sie daher oft nicht genauer nach oder hören nicht zu, wenn der Arzt ihnen diese Information gibt. In der Tat kommt es immer wieder vor, dass Krebspatienten nach einem Termin beim Onkologen ihren Verwandten und Freunden sagen, der Arzt habe ihnen Besserung in Aussicht gestellt, und das, obwohl er ihnen in Wirklichkeit unmissverständlich mitgeteilt hat, dass sich ihr Tumor weiter ausgebreitet hat und ihre Überlebenschancen zurückgegangen sind. Dieses Abwehrverhalten bezeichnet man im Fachjargon als »falschen Optimismus«.

Manchen Medizinern ist nicht wohl bei dem Gedanken, unheilbar Kranken »falsche Hoffnungen« zu machen, oder sie halten das sogar für schädlich. Ihrer Ansicht nach stört ein derartiges Vorgehen die Patienten und ihre Angehörigen beim Abschied vom Leben und könnte schlimme Folgen haben. Einige besonders unsensible Ärzte legen es sogar um jeden Preis darauf an, dass der Patient anerkennt, todkrank zu sein, angeblich zu seinem eigenen Besten – und so gut wie immer ohne Erfolg. In Wahrheit jedoch ist es gerade der Triumph der Hoffnung über eine harte Wirklichkeit, was manchen Menschen angesichts des drohenden Todes das Leben erträglich, ja lebenswert macht.

Zahlreiche akademische Studien zum Thema Abwehrmechanismen suchen die psychischen Vor- und Nachteile einzuschätzen, die es mit sich bringt, wenn Menschen eine positive Sicht auf ihre Lage konstruieren, die vielleicht nicht mit der Realität in Einklang steht. Obwohl Zuversicht in der Regel als gesunder Wesenszug gilt, Hoffnungslosigkeit dagegen als ein Zeichen von Hypochondrie oder Depressionen, warnen manche Studien vor den Risiken eines exzessiven Optimismus und vertreten als bessere Alternative einen »defensiven Pessimismus«, besonders für diejenigen, die an Angstzuständen leiden oder kleine, konkrete Ängste zu ungreifbaren und schrecklichen Drohungen aufblähen. Ihr Grundgedanke lässt sich in der Devise zusammenfassen: »Pessimisten erleben nur positive Überraschungen.« Der defensive Pessimismus besteht also darin, mit dem Schlimmsten zu rechnen und sich auf alle Möglichkeiten des Scheiterns vorzubereiten. So schafft man in schwierigen Situationen sehr niedrige Ausgangserwartungen und versucht sich auf alles einzustellen, was eventuell schiefgehen könnte. Ich verstehe den defensiven Pessimismus allerdings eher als eine optimistische Taktik, die danach trachtet, die »positive Kraft des negativen Denkens« anzuzapfen und Angst in Handlungsfähigkeit zu verwandeln.

Unabhängig von ihrer jeweiligen Form zielen Abwehrmechanismen in erster Linie darauf ab, das Selbstwertgefühl, die emotionale Stabilität und das gesellschaftliche Image aufrechtzuerhalten. Es handelt sich dabei um unbewusste Verhaltensweisen, die unsere Anpassungs- und Überlebensfähigkeit fördern, insbesondere in sehr belastenden Situationen. Zweifellos greifen gewisse Schicksalsschläge unseren Lebensenthusiasmus an. Unsere psychischen Abwehrkräfte erlauben uns, diese Erfahrungen zu neutralisieren, umzudeuten, in ihrer Bedeutung einzuschränken oder zu negieren. Die stete Entwicklung des Menschen führt dazu, dass wir von Tag zu Tag mehr erleben, mehr sehen, mehr wissen, mehr fühlen und mehr Optionen in Betracht ziehen. Unter diesen Bedingungen wäre ein Leben ohne Abwehrmechanismen schlicht unerträglich.

Zusammenfassend lässt sich aufgrund des Forschungsstands sagen, dass jeder Mensch den Dingen und Ereignissen, die ihm widerfahren, eine persönliche Interpretation gibt. Jeder von uns wählt, erlebt und katalogisiert seine Gefühle und sein Umfeld auf seine Weise. Vergangene Erfahrungen mit schwierigen Situationen und vor allem das Gefühl, die Umstände kontrollieren zu können, formen unser Selbstbewusstsein sowie unser Denken und Handeln bei neuen Herausforderungen. Gleichzeitig greifen wir auf psychische Abwehrmechanismen zurück, um angesichts widriger Umstände unser emotionales Gleichgewicht wahren und die negativen Gefühle verarbeiten zu können, die sich aus einer Dissonanz zwischen Erwartungen und Tatsachen ergeben. Die ausgeprägte Subjektivität, die das menschliche Denken kennzeichnet, erklärt in hohem Maß, warum sich in den Wechselfällen des Lebens die einen optimistisch, andere wieder pessimistisch zeigen.

Die nächste Aufgabe besteht nun darin, eine zuverlässige und einfache Vorgehensweise zu finden, um die Bestandteile entdecken und messen zu können, aus denen sich die optimistisch-pessimistische Dimension des menschlichen Denkens zusammensetzt. Nachdem ich verschiedene Modelle analysiert und ausprobiert habe, bin ich zu dem Schluss gelangt, dass sich unsere Sichtweise sehr gut in den drei zeitlichen Kontexten Vergangenheit, Gegenwart und Zukunft untersuchen lässt. Konkret meine ich unsere rückblickende Bewertung vergangener Erfahrungen, unsere Gewohnheiten im Umgang mit dem, was wir Tag für Tag erleben, sowie unser Maß an Zuversicht, das zu erreichen, was wir uns wünschen.

Die Bestandteile einer optimistischen Grundhaltung

»Mein Leben hat keinen Sinn … Es hat keine Richtung …
Kein Ziel … Keine Bedeutung … Und trotzdem bin ich
glücklich … Wie kommt das? Was mache ich bloß richtig?«
Charles M. Schulz, *Snoopy und die Peanuts*, 1999

Das autobiografische Gedächtnis

»Wir sind Wesen, die Geschichten formen, die wir
weder wiederholen noch hinter uns lassen können.«
Wystan H. Auden, *Des Färbers Hand*, 1962

Die Forschung zum menschlichen Gedächtnis hat einen
wichtigen Beitrag zum Verständnis des Optimismus geleistet. Wir verfügen über zwei Arten von Gedächtnis: das verbale und das emotionale Gedächtnis. Im verbalen Gedächtnis speichern wir Stück für Stück aktuelle Ereignisse und
lange zurückliegende Erfahrungen ab. Das erklärt, warum
wir uns unter Umständen nicht daran erinnern können, wo
wir gestern den Hausschlüssel oder den Schirm abgelegt
haben, während uns Kindheitserlebnisse noch sehr deutlich vor Augen stehen. Das verbale Gedächtnis ist eine
Fähigkeit, derer wir uns im Alltag bedienen; es enthält
unsere Autobiografie.

Das emotionale Gedächtnis dagegen bleibt prägenden
Erfahrungen vorbehalten. Im emotionalen Gedächtnis
werden ohne Worte, dafür in umso größerer Intensität,
Szenen aus einschneidenden Situationen aufbewahrt,
Klänge und Gerüche, die uns tief beeindruckt haben, zusammen mit den Körperempfindungen – Herzrasen, kalter
Schweiß, Mundtrockenheit, Atemnot –, die uns dabei
überkamen. Darum ist es so wichtig, dass Menschen, die
ein psychisches Trauma erlitten haben, ihre Erlebnisse in
Worte fassen und erzählen, denn so können sie deren
Intensität reduzieren und sie in besser beherrschbare Erinnerungen verwandeln, die das verbale Gedächtnis unter

Kontrolle hat. Auf diese Weise kann auch ein sehr schmerzlicher Teil unseres Lebens in das Ganze unserer individuellen Geschichte eingegliedert werden.

Im autobiografischen verbalen Gedächtnis finden sich außer einer Vielzahl von Namen, Zahlen und Fakten auch unsere persönlichen Wertungen der Ereignisse, die uns geprägt haben – die Konnotationen und die Gefühle, die damit verbunden sind. Daher können Erinnerungen in uns Freude oder Trauer auslösen, uns zum Lachen oder zum Weinen bringen. Nur wer einen Menschen gekannt oder gepflegt hat, der an einer degenerativen Hirnkrankheit im fortgeschrittenen Stadium litt – an Alzheimer zum Beispiel –, vermag sich vorzustellen, dass es Menschen gibt, die ohne ein Bewusstsein von sich selbst, quasi ohne Autobiografie sind.

Heute wissen wir, dass wir alle, sofern wir nicht an groben Gedächtnisstörungen leiden, Vergangenes relativ frisch in Erinnerung behalten, und dass sich dies in einem Großteil unserer Gefühle, unseres Denkens, unserer Worte und unseres Handelns widerspiegelt. Unsere Autobiografie wartet nicht darauf, dass wir sie uns aktiv ins Gedächtnis rufen. Vielmehr beeinflusst sie fortwährend unsere gegenwärtigen Entscheidungen und Zukunftserwartungen. Um es mit Oscar Wilde zu sagen: »Das Gedächtnis ist das Tagebuch, welches wir alle mit uns herumtragen.« Es dient dazu, unsere Geschichte zu rekonstruieren, uns zu definieren und zu identifizieren, uns einzuschätzen, mit anderen in Beziehung zu treten und uns ein Bild von der Zukunft zu machen, die uns erwartet. Genau genommen sprechen wir andauernd über unsere Vergangenheit, ob wir nun mit engen Freunden zusammen sind oder uns mit jemandem unterhalten, den wir gerade erst kennengelernt haben. Aus verschiedenen Untersuchungen, in denen spontane Gespräche zwischen Unbekannten aufgezeichnet und analysiert wurden, geht hervor, dass vergangene Ereignisse auf der ganzen Welt ein beliebtes Thema darstellen, das in Gesprächen im Schnitt sechsmal pro Stunde auftritt.

Das autobiografische Gedächtnis hat zwei Funktionen, eine individuelle und eine soziale. Auf der persönlichen Seite prägt die Auswahl von Erinnerungen unsere Stimmungslage, indem sie mehr oder weniger angenehme Gefühle bei uns hervorruft. Was das Verhältnis zur Außenwelt angeht, so bestimmt die Bedeutung, die wir unseren Erinnerungen geben, einen Gutteil unserer Einstellung zu anderen. Außerdem hilft uns das Erzählen autobiografischer Geschichten, unser Leben in den Kontext der Umgebung einzuordnen, und trägt dazu bei, unsere gesellschaftliche Identität auszuformen. Der Erfahrungsaustausch mit anderen Menschen stärkt unsere Verbundenheit mit ihnen, fördert Anteilnahme, Vertrauen, enge persönliche Beziehungen und Freundschaften.

Die Bilder, die wir aus vergangenen Erlebnissen auswählen, gleichen Zeitkapseln, Dokumenten aus einer unwiederbringlichen Vergangenheit, die wir dazu einsetzen können, unsere Kindheit zu erklären, das Hier und Jetzt zu begreifen und Schlüsse für das Morgen zu ziehen. Daher sagen unsere Erinnerungen viel über das Maß unseres Optimismus aus. Eine positive Einschätzung der Vergangenheit nährt unser Selbstwertgefühl und macht uns geneigt, in die Gegenwart und Zukunft zu vertrauen. Eine negative Sicht auf unsere vergangenen Erfahrungen kann dagegen den Alltag mit Jammern und Wehklagen erfüllen und die Zukunft mit Unsicherheit und Misstrauen überziehen.

Menschen mit einer optimistischen Grundhaltung sind Pragmatiker, die schöne Erinnerungen, vergangene Erfolge, bereichernde Beziehungen und erfüllende Erlebnisse mit Vorliebe im Gedächtnis bewahren und aufrufen. Sie denken in der Regel: »Eigentlich ist es mir im Leben immer wieder gut ergangen«, »Durch das, was ich bisher erlebt habe, bin ich hervorragend darauf vorbereitet, die Hindernisse zu überwinden, die ich zur Zeit vorfinde« oder »Ich glaube, die Kämpfe, die ich in der Vergangenheit durchgestanden habe, werden mir auch bei künftigen Problemen helfen«. Diese Gedanken wiederum begünstigen eine positive Einschätzung von Gegenwart und Zukunft und schützen vor Enttäuschungen.

Der spanische Philosoph Fernando Savater hebt die Bedeutung der Haltung hervor, die wir zu unserer Vergangenheit einnehmen. In seinem Buch *El contenido de la felicidad*, »Was das Glück ausmacht«, schreibt er: »Wir sind alle Optimisten – nicht etwa, weil wir glauben, dass wir glücklich sein werden, sondern weil wir denken, dass wir glücklich gewesen sind.« Savater beobachtet bei Kindern eine natürliche Neigung zu der Aussage: »Ja, heute ist es auch schön, aber weißt du noch, wie toll es letztes Jahr war?« Aus seiner Sicht liegt das Glück in den Erinnerungen, die »uns niemand mehr nehmen kann«. Am Ende kommt er zu dem Schluss: »Glück ist eine Form des Erinnerns.«

Das autobiografische Gedächtnis ist selektiv und subjektiv. Schon in früheren Zeiten erkannte man, dass Erinnerungen ungenau sind. Häufig lässt sich zwischen Geschichte und Mythos nur schwer unterscheiden. Die Erinnerung macht es möglich, dass manche Erfahrungen sehr lebendig und wirklich bleiben, andere wiederum unbewusst verzerrt und so an die Sichtweise angepasst werden, die uns gerade gelegen kommt. Ebenso vergessen wir vergangene Ereignisse, um unser seelisches Gleichgewicht zu wahren. In *Aufzeichnungen aus dem Kellerloch* schreibt Fjodor Dostojewskij: »In den Erinnerungen jedes Menschen gibt es Dinge, die er nicht allen mitteilt, höchstens seinen Freunden. Aber es gibt auch Dinge, die er nicht einmal den Freunden gesteht, sondern höchstens sich selbst, und auch das nur unter dem Siegel der Verschwiegenheit. Schließlich gibt es auch solche Dinge, die der Mensch sogar sich selbst zu gestehen fürchtet, und solche Dinge sammeln sich bei jedem anständigen Menschen in ziemlicher Menge an. Es ist sogar so: je anständiger der Mensch, desto mehr davon hat er.«

In der Tat heilt das Vergessen viele Wunden, die uns das Leben zugefügt hat. Es ist leicht zu verstehen, dass Vergessen die Trauer darüber lindert, einen geliebten Menschen verloren zu haben. Auch hilft es uns, Kränkungen zu verzeihen und nach einem Schicksalsschlag unseren Enthusiasmus zurückzuerobern. Distanz zu einem schmerzhaften Gestern zu gewinnen erleichtert es, den inneren Frieden wiederherzustellen, »ein neues Kapitel aufzuschlagen« und sich wieder der Welt zu öffnen. Für Menschen, die von Misserfolgen oder Unglücksfällen geprägt sind, die sie nicht vergessen können, liegt die Herausforderung darin, sie aus einer distanzierteren, weniger persönlichen, weiteren Perspektive zu erklären und zu begreifen. Das bedeutet auch, Leiden und Demütigungen als unvermeidliche Lebenserfahrungen anzunehmen.

Der US-amerikanische Physiker und Autor Alan Lightman bemerkt in seiner fiktiven Erzählung *Und immer wieder die Zeit* hellsichtig: »Mit der Zeit wird das Buch des Lebens so dick, dass man es nicht mehr von Anfang bis Ende lesen kann. Man muss dann wählen. Ältere Männer und Frauen entscheiden sich vielleicht, die ersten Seiten zu lesen, um zu wissen, wer sie in ihrer Jugendzeit waren, oder sie entscheiden sich, den Schluss zu lesen, weil sie wissen möchten, wer sie später waren.

Manche haben das Lesen ganz eingestellt. Sie haben die Vergangenheit ganz aufgegeben. Sie sind zu dem Schluss gekommen, dass es unwichtig ist, ob sie gestern reich oder arm, gebildet oder unwissend, stolz oder bescheiden, verliebt oder leeren Herzens waren. [...] Diese Menschen gehen mit den lockeren Bewegungen ihrer Jugend. Diese Menschen haben gelernt, in einer Welt ohne Gedächtnis zu leben.«

Das Problem derjenigen, die im schmerzhaften Gestern ihrer Autobiografie verharren, besteht darin, dass sie als Gefangene der Angst oder des Haders leben. Sie können nur an die Übeltäter denken, die ihr Leben zerstört haben. Das aber hindert sie daran, ihre Wunden heilen zu lassen. Eine Mischung aus Schuld und Ressentiment kettet sie an die Opferrolle. Wenn sie diese Rolle aufrechterhalten, wird sie zu einer schweren Last, die sie schwächt und lähmt. Wer hingegen seinen Frieden mit der Vergangenheit geschlossen hat, so schlimm sie auch gewesen sein mag, der befreit sich, erholt sich und erlangt wieder die Kontrolle über sein Schicksal. Übrigens fördert eine solche Haltung auch die Gesundheit, weil das Immunsystem gestärkt wird. Das belegen Studien, die der Psychologe Fred Luskin und andere Forscher der Stanford University Mitte der 1990er-Jahre durchgeführt haben.

Wenn Optimisten über ihre Vergangenheit nachdenken, bringen sie ein höheres Maß an Verständnis für sie auf als Pessimisten. Sie sehen sich häufiger als schuldlos an Fehlern, die ihnen unterlaufen sind, und neigen zu der Annahme, sie hätten unter den damals gegebenen Umständen ihr Bestes getan. In diesem Sinn erweist sich ein Optimist als Realist: Er sieht ein, dass es ungerecht wäre,

Vergangenes aufgrund des besseren Wissens dessen zu bewerten, der die Resultate einmal getroffener Entscheidungen kennt. Wer zum Pessimismus tendiert, betont dagegen eher das Negative an seinen Erinnerungen und hadert damit. Die Tatsache, dass er die Vergangenheit mit dem Vorteil der späteren Perspektive betrachtet, lässt er außer Acht.

Die Bedeutung des autobiografischen Gedächtnisses nimmt mit steigender Lebensdauer zu. Älteren Menschen kommt die Zukunft immer kürzer vor, und die Gegenwart wird schnell zur Vergangenheit. Dabei sind die Optimisten unter ihnen durch eine wohlwollende Perspektive auf das Gestern gekennzeichnet. Sie akzeptieren ohne Ressentiments, dass sich bereits Gelebtes nicht mehr ändern lässt, und söhnen sich bereitwillig mit den Konflikten, die sie nicht lösen, mit den Fehlern, die sie nicht beheben konnten, und mit verpassten Gelegenheiten aus.

Erklärungsmuster

»Die Menschen finden stets einen Grund,
um sich je nach ihren Neigungen, Vorurteilen
und Überzeugungen in Lob, Tadel oder
Rechtfertigungen zu ergehen.«
Molière, *Der Menschenfeind*, 1666

Wir alle haben das unwiderstehliche Bedürfnis, Erklärungen für das zu finden, was uns widerfährt. Nur in seltenen Fällen akzeptieren wir, dass es etwas geben könnte, das wir nicht verstehen oder das ein Geheimnis bleibt.

Dem Psychologen Martin Seligman zufolge spiegelt der persönliche Stil, in dem ein Mensch ungünstige wie vorteilhafte Situationen erklärt, seine optimistische oder pessimistische Grundhaltung wider. Seligman analysiert die Erklärungsmuster im Hinblick auf drei Aspekte: die *Dauerhaftigkeit*, die wir der Bedeutung eines gegebenen Ereignisses für unser Leben zuschreiben; den *Geltungsbereich*, also die Frage, welche Reichweite das jeweilige Ereignis aus unserer Sicht hat; und die *Personalisierung*, das heißt den Grad an persönlicher Verantwortung, die wir für das Geschehene übernehmen.

Es ist ganz normal, dass Rückschläge in uns zumindest zeitweilig ein Gefühl von Enttäuschung oder Frustration hinterlassen. Optimisten neigen, wenn sie von einem Schicksalsschlag getroffen werden, zu der Annahme, es handle sich um vorübergehendes Pech oder kurzzeitiges Ungemach, von dem sie sich wieder erholen werden. Pessimisten dagegen halten die Auswirkungen von Problemen für irreversibel und die Schäden für dauerhaft.

Eine optimistische Frau zum Beispiel wird nach einem Streit mit ihrem Partner, der übellaunig und in gereizter Stimmung von der Arbeit kommt, nur eine konkrete, situationsbezogene Erklärung suchen: »Luis muss im Büro irgendetwas gegen den Strich gegangen sein, dass er heute so schlechte Laune hat.« Eine pessimistische Interpretation desselben Sachverhalts würde das Problem mit einer größeren Dauerhaftigkeit versehen: »Der Streit mit Luis zeigt mal wieder, dass er sich nicht beherrschen kann, und er wird sich auch nie ändern.«

In glücklichen Momenten ist es genau andersherum. Optimisten neigen dazu zu glauben, dass »Glück« die Regel ist und anhalten wird, während Pessimisten es für einen flüchtigen Zufall halten. Nach einem positiv verlaufenen Mitarbeitergespräch und einer Gehaltserhöhung denkt der optimistische Angestellte: »Kein Wunder, dass die Entscheidung so ausgefallen ist. Ich bin qualifiziert, verlässlich und kreativ und habe das verdient.« Die Perspektive des Pessimisten sieht anders aus: »Da habe ich mal Glück gehabt, ist nicht übel gelaufen. Aber das wird sich wohl nicht so schnell wiederholen.«

Was die Reichweite oder den Geltungsbereich von Ereignissen angeht, so gilt: Je optimistischer jemand ist, desto mehr tendiert er dazu, die Auswirkungen eines Fehlschlags zu begrenzen oder zu relativieren. Er vermeidet es, in Verallgemeinerungen oder in eine fatalistische Grundhaltung zu verfallen, die ihm keinen Ausweg lässt. Pessimisten wiederum fühlen sich durch Rückschläge in ihrer ganzen Person getroffen, und daher glauben sie, die Folgen seien umfassend und unabänderlich. Wenn zum Beispiel ein Optimist erfährt, dass seine Abteilungsleiterin ein von ihm vorgeschlagenes Projekt abgelehnt hat, schließt er: »Diesmal war die Chefin nicht objektiv. Sie hat einfach nicht alle Vorteile des Projekts erkennen können.« Eine pessimistische Deutung könnte etwa lauten: »Die Chefin ist total inkompetent, und es fehlt ihr jegliche Objektivität. Wie soll so ein Mensch eine Abteilung leiten? Da kann man nur noch die Firma wechseln.« In günstigen Situationen verhält es sich umgekehrt. Optimisten gehen davon aus, dass ein positives Ereignis großen Einfluss auf ihr Leben hat, Pessimisten dagegen nehmen an, dass der Nutzen nur sehr beschränkt ausfallen wird.

Was Seligmans »Personalisierung« negativer Situationen betrifft, so laden sich optimistische Menschen nicht ein Übermaß an Verantwortung für das Geschehene auf, sondern fassen neben ihrem eigenen Anteil auch ein mögliches Versagen anderer ins Auge. Missgriffe ordnen sie als behebbare Fehler ein, aus denen sie noch etwas lernen können. Pessimistisch Gesinnte dagegen geben sich allein die Schuld an dem, was passiert ist. Sie sehen keinerlei Möglichkeit, einen Schaden wiedergutzumachen, und erkennen auch keine Chance, aus der Situation zu lernen.

Um ein weiteres Beispiel zu geben: Ein Student, der eine nicht bestandene Prüfung damit erklärt, er habe »die letzten Wochen wirklich nicht genug gelernt, und außerdem lässt dieses Rindvieh von Professor X einem nicht das Geringste durchgehen«, hat mehr von einem Optimisten als einer, der sein Fiasko in der Prüfung nach dem Schema erklärt: »Ich habe einfach nichts drauf, ich bin ein Versager und werde es nie zu etwas bringen.« Der Optimist gesteht sich also ein, dass sein eigenes Verhalten wie auch die Einstellung des Dozenten zu dem unerfreulichen Ergebnis geführt haben, doch hat er die Lösung in der Hand. Sein pessimistischer Studienkollege hingegen tritt in einen ausweglosen Teufelskreis ein, wo er allein die Schuld trägt und eine Lösung undenkbar ist.

In einer vorteilhaften Lage glauben Optimisten, dass sie sich die Früchte ihres Erfolgs erarbeitet haben oder ihrer würdig sind. Ihrer Meinung nach tragen sie selbst dazu bei, dass solche glücklichen Momente eintreten können. Pessimisten hingegen sehen sich nicht als Menschen, die etwas Gutes verdient haben, und schätzen ihre Fähigkeiten gering. So sagt sich der glücklich verliebte Optimist: »Klar mag sie mich, ich bringe ja auch viel in unsere Beziehung ein.« Ein weniger optimistischer Mensch könnte sich das Liebesglück als »reinen Zufallstreffer« erklären.

Abgesehen von diesen seinerzeit von Seligman skizzierten Erklärungsmustern ist es typisch menschlich, das, was einem widerfährt, durch Vergleiche einzuordnen. Wenn wir ein unangenehmes Erlebnis mit einer noch schlimmeren Erfahrung aus der Vergangenheit kontrastieren, fühlen wir uns nachweislich besser, als wenn wir auf unsere größten Glücksmomente zurückblicken, um unsere aktuellen Schwierigkeiten oder Fehlschläge daran zu messen. Auch wenn wir unsere Probleme mit denen anderer in ähnlicher Lage vergleichen, fühlen wir uns je nachdem besser oder schlechter, ob diejenigen, die wir uns dafür aussuchen, schlechter oder besser dastehen als wir. Nach einer Naturkatastrophe schätzen sich Menschen mit optimistischer Grundhaltung glücklich, wenn sie sich mit denen vergleichen, die größeren Schaden erlitten haben als sie. Aussagen wie: »Wenn ich mich umsehe, wird mir klar, dass es mich noch viel schlimmer hätte treffen können« oder »Jedenfalls stehe ich mit meinem Unglück nicht allein da« helfen uns dabei, die Entmutigung zu verkraften, die mit plötzlichem Unglück einhergeht. In ihrer Untersuchung einer Gruppe an Brustkrebs erkrankter Frauen, die sich einmal in der Woche in einer Selbsthilfegruppe trafen, konnte die US-Psychologin Shelley Taylor nachweisen, dass die Patientinnen, die eine Brust verloren hatten, es als tröstlich empfanden, sich mit denjenigen in der Gruppe zu vergleichen, denen aufgrund ihres Krebsleidens beide Brüste amputiert werden mussten. Diese Frauen wiederum trösteten sich mit dem Gedanken, dass es andere gab, deren bösartiger Tumor Metastasen gebildet oder sich auf andere Teile des Körpers ausgedehnt hatte.

Jenseits des moralischen Urteils, das man über derartige Abwärtsvergleiche fällen mag, bleibt festzuhalten, dass die Neigung, uns in vorteilhafter Weise mit unseren Mitmenschen zu messen, uns Halt gibt und unsere Fähigkeit stärkt, den Wechselfällen des Lebens zum Trotz Zufriedenheit zu finden. So zeigen auch verschiedene multinationale Untersuchungen, die unter der Leitung des niederländischen Soziologen Ruut Veenhoven durchgeführt wurden, dass gesellschaftlich marginalisierte Gruppen wie etwa zugewanderte Minderheiten sich in ihrer subjektiven Lebenszufriedenheit nicht von der bessergestellten Mehrheit der Bevölkerung unterscheiden: Auch sie tendieren dazu, sich mit den am stärksten benachteiligten Mitgliedern ihrer eigenen Gruppe zu vergleichen.

Der optimistische Erklärungsstil regt dazu an, Rückschlägen etwas Positives abzugewinnen, und hilft, die Bedeutung negativer Ereignisse zu minimieren. Er nährt in uns das Gefühl, dass wir unser Leben unter Kontrolle haben, schützt uns vor einer negativen Selbsteinschätzung, vor Mutlosigkeit und dem Gefühl der Hilflosigkeit. Unter günstigen Umständen wiederum bringt uns eine solche Haltung dazu, unser Glück vertrauensvoll anzunehmen und Erfolge als etwas zu betrachten, das wir verdient haben.

Erwartungen

»›Ich weiß, etwas Merkwürdiges muss geschehen,
sobald ich esse oder trinke; drum will ich versuchen,
was dies Fläschchen tut. Ich hoffe, es wird mich wieder
größer machen; denn es ist mir sehr langweilig,
solch winzig kleines Ding zu sein!‹
Richtig, und zwar schneller als sie erwartete:
Ehe sie das Fläschchen halb ausgetrunken hatte, fühlte sie,
wie ihr Kopf an die Decke stieß, und musste sich rasch
bücken, um sich nicht den Hals zu brechen.«
Lewis Carroll, *Alice im Wunderland*, 1865

Vor ein paar Jahren spazierte ich an einem stürmischen New Yorker Herbstnachmittag von der Universität nach Hause, als ich eine lange Schlange hoffnungsvoller Lottospieler sah. Sie standen bereits bis auf die Straße hinaus und warteten, um sich einen Schein für das millionenschwere MegaLotto zu sichern. Vor einem kleinen Laden in der 35. Straße trotzten sie wacker dem Unwetter. Neugierig geworden, wandte ich mich an ein Paar, das völlig durchweicht, aber gut gelaunt unter einem winzigen Regenschirm am Ende der Schlange stand. Höflich fragte ich die beiden, ob ihnen denn klar sei, dass die Wahrscheinlichkeit, einen Sechser im Lotto zu landen, geringer sei als die, vom Blitz getroffen zu werden. Zunächst waren sie über meine Frage überrascht, doch dann antworteten sie lächelnd und wie aus einem Mund: »Theoretisch, ja.« Aber Sorgen würden sie sich deswegen keine machen, denn sie fühlten sich einem Glückstreffer viel näher als einer elektrischen Entladung. Der Anthropologe Lionel Tiger hat dieses Verhalten trefflich in die Formulierung gefasst: »Wahrscheinlichkeiten optimistisch einzuschätzen ist eine so grundlegend menschliche Neigung wie die Suche nach Nahrung, wenn man hungrig ist.«

Optimisten sind Menschen, die erwarten, dass sich ihr Leben positiv entwickeln wird, und darauf bereiten sie sich vor. Pessimisten wiederum sind Menschen, die erwarten, dass es schlecht für sie läuft, und sich darauf vorbereiten. Jemand, der darauf vertraut, seine Ziele zu erreichen, wird sich vermutlich auch dafür einsetzen. Wer dagegen mit dem Scheitern rechnet, der wird es wahrscheinlich gar nicht erst darauf ankommen lassen. Zweifel können uns unfähig machen, ein Vorhaben durchzuführen, das wir uns vorgenommen haben.

Der spanische Philosoph Julián Marías meint, die Hoffnung auf künftiges Glück sei viel wichtiger als die Zufriedenheit in der Gegenwart. In seinem Buch *La felicidad humana,* »Das menschliche Glück« (1987), weist er darauf hin, dass wir Probleme im Heute gut ertragen können, wenn wir denken, dass es uns morgen besser gehen wird. Hingegen beeinträchtigt es unser aktuelles Wohlbefinden, wenn wir glauben, wir würden uns morgen schlechter fühlen. Seiner Ansicht nach sagen wir zwar: »Ich bin glücklich«, meinen aber: »Ich werde glücklich sein.« Für Marías ist das Glück lediglich eine Erwartung, eine Wette auf die Zukunft. Glück ist mit der Annahme verbunden, dass unsere Projekte – die Beziehung zu einem anderen Menschen, unsere beruflichen Pläne oder eine Reise – uns Freude oder Erfüllung bringen werden. Wie wichtig Hoffnung ist, betont der Philosoph auch mit der Bemerkung, ein Mensch sei nicht nur, was seine Biografie über ihn aussagt, sondern auch, was seine Erwartungen und Träume über ihn verraten.

Es gibt zwei Arten von Hoffnung, eine generelle und eine konkrete. Die erste betrifft unsere allgemeinen Zukunftserwartungen, eine Perspektive also, die auf unseren Überzeugungen oder Werten im Leben basiert. Dazu gehören der Sinn, den wir unserer Existenz geben, das Schicksal, das wir für die Menschheit voraussehen, oder unser Grad an Vertrauen darin, dass bei Bosheit, Ungerechtigkeiten oder Krankheiten, unter denen wir leiden, noch nicht das letzte Wort gesprochen ist.

Diese generell hoffnungsvolle Sicht ergibt sich häufig aus grundlegend positiven Überzeugungen. Manche davon stammen aus dem Gebiet der Religion oder Philosophie, andere aus der Welt der Wissenschaft oder aus dem menschlichen Erleben. So stellt der Glaube an ein »Jenseits« unabhängig davon, ob er logische Gültigkeit hat oder nicht, eine Form allgemeiner Hoffnung dar, die vielen Menschen hilft, belastende Situationen zu überstehen. Doch kann sich Hoffnung auch aus dem Glauben an menschliche Werte wie Frieden, Gerechtigkeit, Freiheit oder Güte nähren oder sich aus Gedanken oder Vorstellungen zusammensetzen, die unserer eigenen inneren Welt entstammen. Im Übrigen verträgt sich eine hoffnungsvolle Haltung durchaus damit, dass wir unsere Vergänglichkeit als etwas Unabänderliches akzeptieren. In der Tat spornt die Überzeugung, man habe nur ein Leben, viele Menschen dazu an, besonderen Einsatz aufzubringen, um Hindernisse auf ihrem Weg zu überwinden, und regt sie an, zufrieden und dankbar alltägliche Freuden zu genießen.

Positive Zukunftserwartungen helfen uns dabei, mit einem Gefühl von Sicherheit und Zuversicht voranzuschreiten. Fast jeder Mensch geht eine Beziehung in der Hoffnung ein, dass das gemeinsame Glück anhalten wird, oder wählt einen Beruf in der Annahme, dass er ihm Befriedigung verschafft. Und wenn wir verreisen, dann nur, weil wir uns darauf verlassen, dass wir heil ans Ziel kommen werden.

Konkrete Hoffnung hängt mit der frohen Erwartung zusammen, ein bestimmtes Vorhaben verwirklichen oder konkrete Ziele erreichen zu können. Beispiele dafür sind die Hoffnung, eine Stelle zu erhalten, auf die wir uns beworben haben; dank einer bestimmten Maßnahme, die wir uns vorgenommen haben, ein Problem mit dem Partner zu lösen; oder aufgrund eines festen Vorsatzes mit dem Rauchen aufzuhören. Diese Art der Zuversicht fördert den inneren Glauben daran, die Ziele zu erreichen, die man in Angriff nimmt, sofern man nur die erforderliche Energie investiert. Es liegt auf der Hand, dass Menschen, die ihre Vorhaben in der Vergangenheit durch Einsatz und Planung verwirklichen konnten, auch zu einer optimistischen Haltung tendieren, wenn sie sich etwas Neues vornehmen.

Die Fähigkeit, einen bestimmten Ablauf zu planen, an dessen Ende man erreicht, was man angestrebt hat, setzt voraus, dass man ein Ziel und die Schritte, die dorthin führen, erst einmal definiert. Außerdem erfordert es eine gewisse Flexibilität: »Wenn es so nicht funktioniert, versuche ich es eben anders.« Optimisten machen aus ihren Wünschen Herausforderungen und vertrauen auf ihre Fähigkeit, die Hindernisse zu überwinden, die sich ihnen in den Weg stellen. Diese konkrete Form der Hoffnung nährt sich aus ihrer Selbstsicherheit.

Experten wie Albert Bandura, Professor an der Stanford University, und sein Kollege von der Kansas University C. R. Snyder sehen einen Zusammenhang zwischen zuversichtlichem Denken und der Neigung zu glauben, dass wir einen Weg finden werden, unsere Ziele zu erreichen, und auch die nötige Motivation dazu mitbringen. Im Jahr 1986 prägte Bandura für die Überzeugung, dass man die Fähigkeit habe, um die nötigen Schritte zur Erreichung von Zielen zu unternehmen, den Begriff der Selbstwirksamkeit. Zehn Jahre später wies C. R. Snyder in mehreren Experimenten nach, dass die Zuversicht eines Menschen, konkrete Ziele zu erreichen, auf seiner Willenskraft sowie auf der Sicherheit gründet, dass er weiß, was er dafür tun muss. Nach Snyders Meinung bilden Willenskraft und positive Erwartungen die Grundlage für eine Entschlossenheit, die uns dazu bringt, unsere Wünsche zu verfolgen und in unseren Anstrengungen nicht nachzulassen, bis wir sie erreicht haben. Diese Entschlossenheit fördern Gedanken wie »Ich kann das«, »Ich werde es versuchen«, »Ich schaffe das schon« oder »Ich habe alles, was ich brauche, um das hinzubekommen«.

Man könnte sagen, eine gesunde Portion Zielorientiertheit, Sorgfalt und Motivation hilft uns, schwierige Situationen zu meistern. Auf der ganzen Welt gibt es Sprichwörter, die Zeugnis davon ablegen, zum Beispiel »Ohne Fleiß kein Preis«. Denn nur selten erreicht man etwas, das wirklichen Wert hat, ohne Mühe oder Risiko. In diesem Sinne schrieb der Essayist Henry David Thoreau: »Hast du Schlösser in die Luft gebaut, muss deine Arbeit nicht unnütz gewesen sein; denn gerade dort sollten sie stehen. Jetzt gib ihnen das Fundament.«

Menschen mit einer optimistischen Grundhaltung halten an einer positiven Einschätzung zur Zukunft der Menschheit fest. Sie neigen dazu, das, was sie sich wünschen, auch für möglich zu halten, und erwarten, dass sie ihre Ziele erreichen werden. In der Regel bejahen sie Aussagen wie »Auch in ungewissen Zeiten erwarte ich normalerweise das Beste«, »Meine Zukunft sehe ich immer optimistisch« oder »Alles in allem erwarte ich, dass mir mehr gute als schlechte Dinge widerfahren«. Pessimisten hingegen neigen eher Ansichten zu wie »Wenn bei mir etwas schieflaufen kann, dann tut es das auch«, »Ich glaube nicht an ein Happy End« oder »Ich rechne selten damit, dass mir etwas Gutes widerfährt«. Andere Fatalisten nehmen distanziertere Positionen ein, zum Beispiel: »Um keine Enttäuschungen zu erleben, ist es das Beste, keine Erwartungen zu haben.«

Eine optimistische Sicht auf das Morgen lindert unsere gegenwärtigen Enttäuschungen und macht die Rückschläge erträglicher, die das Leben mit sich bringt. Dies zeigen auch die Ergebnisse einer Untersuchung zur Unfruchtbarkeit von Professor Mark D. Litt von der University of Connecticut. Bekanntlich bedeutet Unfruchtbarkeit für viele Paare, die sich Kinder wünschen, ein großes Unglück. Für die genannte Untersuchung maßen die Forscher bei einer großen Gruppe unfruchtbarer Paare acht Wochen vor einer geplanten In-vitro-Fertilisation (das Zusammenführen von Spermatozoiden mit einer Eizelle im Reagenzglas) den Grad an Zuversicht. Zwei Wochen nachdem man die Paare über das Scheitern ihres Versuchs informiert hatte, analysierten die Forscher den Grad an Beklemmung und Niedergeschlagenheit bei den Beteiligten. Die Resultate belegen, dass die Teilnehmer nach Erhalt der schlechten Nachricht umso weniger deprimiert und mutlos waren, je mehr Hoffnung sie darein gesetzt hatten. Eine zuversichtliche Grundhaltung hilft uns also, Fehlschläge nicht in einem allzu dramatischen Licht zu sehen, ohne dass wir deshalb ihre Bedeutung abstreiten würden. Gleichzeitig veranlasst sie uns dazu, es wieder zu versuchen und die Hindernisse nach Kräften zu überwinden.

Am nützlichsten ist jene Hoffnung, bei der wir uns der tatsächlichen Risiken bewusst bleiben, aber auch die Motivation aufbringen, sie zu bezwingen. Denn in gefährlichen Situationen, die tatkräftiges Handeln erfordern, können leere Hoffnungen lähmend wirken und uns daran hindern, nach Lösungen zu suchen. In diesem Sinn ist die zweckmäßigste Art von Optimismus in Risikosituationen diejenige, die uns das Beste erhoffen, aber auf das Schlimmste vorbereitet sein lässt.

Wie wir sehen, ist Optimismus nicht nur ein Charakterzug, sondern besteht aus einer ganzen Reihe von Komponenten, die unsere Persönlichkeit formen und die Art prägen, wie wir uns selbst sehen und wie wir Erlebnisse bewerten. Diese Elemente färben unsere Weltsicht und unsere Zukunftserwartungen. Das Thermometer des Optimismus misst unsere Erinnerungen, die autobiografische Erfahrung, die Art, in der wir aktuelle Ereignisse – positive wie negative – erklären und interpretieren, sowie unsere allgemeinen Zukunftsperspektiven und die Einschätzung der Wahrscheinlichkeit, das zu erreichen, was wir uns im Einzelnen vornehmen. Damit soll nicht gesagt sein, dass diese drei zeitlichen Kategorien voneinander getrennt und nicht in unserem Geist verbunden wären. Es ist offensichtlich, dass es zwischen unserer Wahrnehmung der Vergangenheit, unserer gegenwärtigen Stimmung und unserer Sicht auf das Morgen eine enge Beziehung gibt.

Im folgenden Kapitel analysiere ich die biologischen, psychologischen und gesellschaftlichen Wurzeln, die bestimmen, in welchem Maß wir zu Optimismus neigen. Konkret werde ich darlegen, welchen Einfluss die Gene, die Persönlichkeitsentwicklung und die kulturellen Werte, die in unserer Gesellschaft herrschen, auf die Art und Weise haben, wie wir Ereignisse in unserem Leben sehen und interpretieren.

Die Prägung der Persönlichkeit

»Das Geheimnis der Welt ist das Band,
das Menschen und Ereignisse aneinander knüpft.
Der Mensch macht die Ereignisse und die
Ereignisse den Menschen.«
Ralph Waldo Emerson, *Lebensführung*, 1860

Die genetische Ausstattung

*»Ich bin von Natur aus Optimist, weil ich nicht
sehr groß bin. Wir Kleinwüchsigen neigen zum Optimismus,
weil wir nur die untere Hälfte eines halb vollen Glases
sehen können. Die leere obere Hälfte bekommen wir
nicht mit …«*
Thomas L. Friedman, *Besorgter Optimismus*, 2003

Der menschliche Charakter ist relativ stabil. Trotz der
Wechselfälle des Lebens bleiben die positiven oder negativen Meinungen, die Menschen von sich und ihrer Umgebung haben, ab einem Alter von 15 oder 16 Jahren ziemlich konstant, wenngleich sie auch leichten Veränderungen
unterliegen können. Diese Beständigkeit des Charakters
verführt manche Beobachter zu der Ansicht, wir hätten auf
unseren Grad an Optimismus oder Pessimismus so wenig
Einfluss wie etwa auf unsere Körpergröße oder Augen-
farbe.

Jeder Mensch trägt seine Gene in den Zellkernen seines
Körpers. Genauer gesagt, befinden sich unsere Gene auf
den 46 Chromosomen, die durch die Vereinigung der
je 23 Chromosomen der Samenzelle des Vaters mit denen
der Eizelle der Mutter entstehen. Chromosomen sind
winzige Partikel, die dünnen überkreuzten Strängen gleichen und über 30 000 Gene tragen, welche ihrerseits aus
der Desoxyribonukleinsäure (DNA) gebildet sind. Sie
bedingen unsere biologische Entwicklung und Funktionsweise.

Trotz der enormen Fortschritte in der Genetik seit der

Entschlüsselung des Humangenoms im Jahr 2000 wissen wir noch nicht viel darüber, wie die Gene mit den Persönlichkeitsmerkmalen zusammenhängen. Doch es besteht kein Zweifel, dass die DNA die Ausbildung des Gehirns und damit der geistigen Fähigkeiten sowie unsere Wesensart und unsere Weltsicht beeinflusst.

Die Bedeutung der Gene für unsere Persönlichkeit lässt sich gut am Beispiel von Zwillingspaaren nachvollziehen. Soweit ich weiß, gibt es bisher nur drei Untersuchungen zur Genetik von Optimismus und Pessimismus, allesamt aus den vergangenen 15 Jahren. Die erste davon stammt von David Lykken, einem Professor für Psychologie an der University of Minnesota. Er untersuchte bei 4000 Zwillingspaaren die Neigung, die schönen Seiten des Lebens zu genießen oder sich von Rückschlägen entmutigen zu lassen. In einer anderen Studie analysierte der Entwicklungspsychologe Robert Plomin vom King's College in London optimistische oder pessimistische Tendenzen bei knapp 300 Zwillingspaaren mittels des verbreiteten, gründlich validierten Life-Orientation-Tests (LOT). Dabei handelt es sich um einen Fragenkatalog, bei dem die Teilnehmer ihren Grad an Zustimmung oder Ablehnung zu Aussagen wie »Meine Zukunft sehe ich immer optimistisch« oder »Ich rechne selten damit, dass mir etwas Gutes widerfährt« ausdrücken sollen. Die dritte Untersuchung schließlich, durchgeführt von Peter Schulman, einem Psychologen von der University of Pennsylvania, verglich, auf welche optimistischen oder pessimistischen Erklärungsmuster Zwillinge in verschiedenen Lebenssituationen zurückgreifen.

Zusammen belegen die Resultate dieser drei Untersuchungen, dass sich eineiige Zwillinge – diejenigen also, die über dasselbe genetische Material verfügen, weil sie aus derselben Zygote (dem Verschmelzungsprodukt zweier Keimzellen) entstanden sind – in ihrer optimistischen oder pessimistischen Disposition gleichen. Diese Ähnlichkeit tritt selbst dann auf, wenn die Probanden von Geburt an getrennt waren und an unterschiedlichen Orten aufgewachsen sind. Bei zweieiigen, also genetisch verschiedenen Zwillingen dagegen schwankt der Grad an Optimismus oder Pessimismus im gleichen Maß wie bei Personen, zwischen denen keinerlei Verwandtschaft besteht beziehungsweise die zufällig ausgewählt wurden. Das gilt sogar für Zwillinge gleichen Geschlechts, die im selben Haushalt großgezogen wurden.

Eine interessante Feststellung, die sich ebenfalls aus allen drei Studien ergibt, ist, dass sich die genetische Ausstattung offenbar stärker auf den Pessimismus eines Menschen auswirkt als auf seinen Optimismus. Statistisch gesehen beträgt der Anteil genetischer Faktoren an einer pessimistischen Lebenseinstellung etwa 40 Prozent, während eine optimistische Einstellung nur zu 25 Prozent von den ererbten Genen abhängt. Aus diesen Zahlen lässt sich schließen, dass das Umfeld, in dem wir aufwachsen, die Erfahrungen, die wir machen, und das, was wir lernen, sich stärker auf den Grad unseres Optimismus als auf den des Pessimismus auswirken. Für die Praxis folgt daraus, dass es sich eher lohnt, Strategien zu entwickeln, die in uns eine positive Sichtweise stärken, als Maßnahmen zur Veränderung pessimistischer Ansichten zu ergreifen.

Abgesehen von diesen spezifischen Studien lassen sich mögliche Zusammenhänge zwischen der genetischen Ausstattung und einer positiven oder negativen Lebenseinstellung auch indirekt verfolgen. Eine Möglichkeit dazu bietet die Untersuchung gewisser psychischer Erkrankungen, die eine bedeutende erbliche Komponente haben, so zum Beispiel der bipolaren Störung. Diese Krankheit ist von Phasen tiefer Traurigkeit und Niedergeschlagenheit geprägt, die sich mit Phasen von unkontrollierter Erregung und Tatendrang abwechseln. In depressiven Phasen sehen davon betroffene Patienten fast alles von der negativen Seite, blicken voll Verzweiflung in die Zukunft und denken, ihr Leben sei nicht lebenswert. Manische beziehungsweise euphorisch-exaltierte Phasen dagegen – die man als »krankhaften Optimismus« definieren könnte – sind von einer gehobenen Grundstimmung und starkem Mitteilungsbedürfnis gekennzeichnet. Das geht so weit, dass der Patient in exzessives und riskantes Verhalten aller Art verfällt. Wenn die Krankheit adäquat behandelt wird, können bipolar Gestörte ihr emotionales Gleichgewicht und ihre Urteilskraft zurückgewinnen. Ist nun der eine von zwei eineiigen Zwillingen bipolar gestört, liegt die Wahrscheinlichkeit des anderen, dieselbe Krankheit zu bekommen, bei etwa 65 Prozent; bei zweieiigen Zwillingen dagegen liegt sie nur bei etwa zwölf Prozent. Auch Studien mit nach der Geburt adoptierten Kindern bestätigen den starken Einfluss des genetischen Faktors auf diese psychische Störung: Das Risiko der Adoptivkinder liegt näher an dem ihrer leiblichen Eltern als an dem der Adoptiveltern.

Im Sommer 2003 überprüfte eine Forschungsgruppe aus Großbritannien und den USA unter der Leitung von Avshalom Caspi und Terrie Moffitt die Möglichkeit, mithilfe genetischer Faktoren zu erklären, warum manche Menschen auf schlimme Erfahrungen – häusliche Gewalt, den Tod naher Verwandter, plötzliche Arbeitslosigkeit oder schwere Krankheiten – mit Depressionen reagieren, während andere diese Probleme vergleichsweise unbeschadet überstehen. An der Untersuchung, die sich über einen Zeitraum von 26 Jahren erstreckte, nahmen 847 neuseeländische Freiwillige teil. Die Ergebnisse zeigten, dass 43 Prozent der Teilnehmer, die über ein Gen, das für den Serotonintransport im Gehirn zuständig ist, in seiner kurzen Form verfügten, in Stresssituationen depressiv wurden. Von dem Teil der Gruppe, der über die lange Version des Gens verfügte, verfielen hingegen unter denselben Umständen nur 17 Prozent in eine Depression. So belegt diese interessante Studie einen relativen Einfluss der genetischen Ausstattung darauf, wie viel Widerstandskraft ein Mensch gegen Depressionen aufbringt, die durch ein Unglück im Leben ausgelöst werden.

Die Gene spielen also bei der Ausbildung unserer Persönlichkeit eine wichtige Rolle. Dennoch wäre es unklug, den Einfluss des Milieus zu unterschätzen, in dem wir aufwachsen. Unter den Umständen, die unsere Lebenseinstellung prägen, sollte man auch die kontrollierbaren Faktoren im Blick behalten. Die Entwicklung des menschlichen Gehirns, dessen Größe sich von der Geburt bis zur Reife vervierfacht, hängt in hohem Maße von den Impulsen ab, die es von außen empfängt, insbesondere in den ersten 15 Lebensjahren. So gibt es zahlreiche Belege dafür, dass Menschen mit einer starken ererbten Neigung zu Depressionen unter günstigen familiären und gesellschaftlichen Umständen ein langes, glückliches Leben führen können, ohne je melancholische Symptome auszubilden. Ebenso gibt es Menschen, die ihrem genetischen Potenzial nach mit hoher Wahrscheinlichkeit einen optimistischen Charakter ausbilden müssten, aber durch den Einfluss einer feindseligen Umgebung zu eingefleischten Pessimisten werden.

Je weiter das Wissen über das Humangenom fortschreitet, desto deutlicher kristallisiert sich heraus, dass die genetische Prägung Umwelt- und Lerneinflüssen gegenüber offen ist. Die Fähigkeit zu lernen ist selbst genetisch programmiert, doch was wir lernen, hängt von unseren Erlebnissen und Erfahrungen ab. Die Sprache bietet dafür ein prägnantes Beispiel. Neugeborene kommen mit dem genetischen Potenzial zur Welt, sprechen zu lernen. Doch wenn ein Kind in seinen ersten sechs Lebensjahren nicht mit Sprache konfrontiert wird, wird es sich später nie völlig problemlos artikulieren können.

Wir sollten es also vermeiden, allzu gebannt dem Gesang der Gene zu lauschen. Die Neigung, das Glas als halb voll oder als halb leer zu sehen, hängt weniger von einem vermeintlich unabänderlichen Erbgut ab als von einer formbaren Persönlichkeit. Menschen lassen sich weit mehr von ihrer Einstellung als von ihren Instinkten leiten.

Die Ausbildung der Persönlichkeit

»›Du hast in deinen Anstrengungen nicht nachgelassen. Das hat dir viel Glück gebracht‹, sagte der Klavierlehrer, als er dem Mädchen die grüne Glückskette überreichte. Fortan trug die Kleine, sooft sie sich ans Klavier setzte, die grüne Kette: Es erinnerte sie daran, dass es ihre eigenen Bemühungen gewesen waren, die ihr Glück gebracht hatten.«
Elizabeth Koda-Callan, *Die Zauberkette*, 1990

Der Charakter ist die Summe der Attribute oder Eigenschaften, die die unverwechselbare Persönlichkeit eines Menschen ausmachen. Er schlägt sich darin nieder, wie man gewohnheitsmäßig fühlt, denkt und sich verhält, und zeigt sich in persönlichen Vorlieben und Abneigungen. Die Entwicklung des Charakters beginnt schon im Mutterleib.

Jedes Baby hat instinktive Regungen, die sich nach der Geburt in seinem körperlichen Verhalten, in seiner Entspanntheit, seiner Neugier und seiner Sensibilität gegenüber inneren und äußeren Impulsen ausdrücken. Bereits im Kreißsaal geben sich manche Neugeborene vertrauensvoll und ruhig, andere wiederum zeigen sich schon in den ersten Stunden unruhig und reizbar. Diese Eigenschaften werden von erblichen Faktoren beeinflusst, aber auch von Hormonausschüttungen, die während der Schwangerschaft auftreten, sowie von der Erfahrung der Geburt.

Kinder reagieren auf genau dieselben Situationen sehr unterschiedlich. Der erste Schultag oder die erste Achterbahnfahrt stellen für manche von ihnen schöne, aufregende Erlebnisse dar, bei anderen verursachen sie Angst oder Stress. Man darf davon ausgehen, dass der Grund für diese unterschiedlichen emotionalen Reaktionen auf ähnliche Reize teilweise darin liegt, dass das Gehirn von Kindern eine Information unterschiedlich aufnimmt und verarbeitet.

Schon vor zweieinhalbtausend Jahren erkannte man, dass die Persönlichkeit des Menschen auch biologische Züge trägt. Die bekannteste Formulierung dieses Gedankens geht auf den griechischen Arzt Hippokrates von Kos zurück. Seiner Auffassung nach manifestierte sich das sogenannte Temperament schon in den ersten Lebensmonaten und war auf die Mischung der vier Körpersäfte zurückzuführen: Blut, Phlegma (griechisch für Schleim), gelbe Galle und schwarze Galle. Überschwängliche, euphorische Menschen hatten demnach einen übermäßig hohen Anteil von Blut im Körper, weshalb man sie als Sanguiniker zu bezeichnen pflegte. Am anderen Ende der Skala standen die Melancholiker, bei denen die schwarze Galle dominierte. Die gelbe Galle führte zu einer cholerischen Persönlichkeit, das Phlegma schließlich zu einer trägen oder bedächtigen, der des Phlegmatikers.

Schon wenige Tage nach ihrer Geburt treten Babys in aktiven Kontakt mit ihrer Umgebung. Bilder, Zärtlichkeit und vor allem liebevolle Worte und Blickkontakt wirken sich auf die Organisation des kindlichen Gehirns aus. Der Anblick der Mutter, ihr Lächeln und die Facetten ihres Gesichtsausdrucks stellen für jedes Kind eine Quelle der Faszination dar und stimulieren es dazu, eine emotionale Bindung zu anderen aufzubauen. Dies wiederum ist unerlässlich dafür, dass sich das Denken und die Emotionen von Anfang an gesund entwickeln können.

Kinder sind vollwertige Teilnehmer an der gesellschaftlichen Interaktion. Ihr Gemütszustand, ihr Aussehen und ihre Talente lassen die Personen in ihrer Umgebung nicht unberührt. Es ist erwiesen, dass Babys, die durchgehend positive Verhaltensweisen und Gefühle zeigen, die besten Chancen haben, entsprechende Antworten zu erhalten. Und auch die Kinder, die sich quengelig oder distanziert verhalten, ernten dementsprechende Reaktionen. Das positive oder negative Echo, das sie bei anderen hervorrufen, prägt ihre Selbsteinschätzung und ihre Vorstellung von der Welt, die sie umgibt. Zudem imitieren Kinder das, was sie an wichtigen Menschen aus ihrer unmittelbaren Umgebung beobachten können, und machen sich deren Charakterzüge zu eigen.

Das Selbstwertgefühl, also das Bild, das wir von uns selbst haben, ist ein grundlegender Bestandteil der Persönlichkeit. Es beginnt sich in den ersten 18 Lebensmonaten auszubilden. Zu Beginn nährt es sich besonders aus der Liebe der Mutter und dem Gefühl der Geborgenheit. Später wird das Selbstwertgefühl der Kinder stark von persönlichen Erfahrungen geprägt; es richtet sich daran aus, wie andere sie bewerten und welche positiven oder negativen Eigenschaften sie sich selbst zuschreiben. Die Zuneigung, die ein Kind durch die Menschen in seinem Umfeld erfährt, und das Gefühl, die Kontrolle über den eigenen Körper und die gegenständliche Welt zu bekommen, fördern sein Selbstvertrauen. Am besten entwickelt sich das Selbstwertgefühl, wenn es auf kleinen, häufigen Erfolgen und dem Streben nach erreichbaren Zielen aufbaut.

Ein ausgeprägtes Selbstwertgefühl ruft positive Gefühle in uns hervor und schützt uns vor negativen. Ohne eine vorteilhafte Selbsteinschätzung ist es nicht leicht, eine optimistische Lebenseinstellung zu entwickeln. Zwar gibt es Menschen, die trotz eines gesunden Selbstwertgefühls eine negative Weltsicht vertreten. Doch im Allgemeinen neigen diejenigen, die sich selbst positiv einschätzen, auch dazu, die Welt in einem positiveren Licht zu sehen als jene, die mit sich unzufrieden sind.

Ab einem Alter von zweieinhalb Jahren fangen Kinder an, ihren Sinn für Vergangenes auszubilden und nach und nach die Erinnerungen zu sammeln, die den Grundstock ihres autobiografischen Gedächtnisses ausmachen werden – ein ganz entscheidendes Element für ihre spätere Tendenz zu Optimismus oder Pessimismus. Sich an ein Gestern zu erinnern ist ein wichtiger Schritt, um zu einer persönlichen Identität zu finden. Sobald ein kleines Kind erste Worte zu formen beginnt, wird in der Familie über gemeinsame Erlebnisse gesprochen. Und die Art, wie die Eltern vergangene Ereignisse interpretieren und teilen, nimmt fortan Einfluss auf die Weltsicht, die ihre Kinder ausbilden.

Wenn Erwachsene und Kleinkinder sich über vergangene Erlebnisse unterhalten, sind es die Erwachsenen, die Struktur und Inhalt des Gesprächs vorgeben. In dem Beispiel, das ich dafür geben möchte und das im Rahmen einer Untersuchung zur innerfamiliären Kommunikation aufgezeichnet wurde, sprechen eine Mutter und ihr dreijähriger Sohn über eine Autofahrt, die sie gemeinsam unternommen haben, um die Großeltern des Jungen zu besuchen:

> Mutter: Weißt du noch, wie Antoñito *(Name des Jungen)*, Mama und Papa so eine lange Autofahrt gemacht haben, um zu Oma und Opa zu fahren?
> Kind: Mhm! *(nickt zustimmend)*
> M.: Und was haben wir vom Auto aus gesehen? Weißt du noch, was dir Papa durchs Fenster gezeigt hat?
> K.: Nee, weiß nicht …
> M.: Weißt du nicht mehr, wie lustig das war? Wir haben einen großen Berg gesehen, und dann haben wir angehalten und uns die Schuhe ausgezogen und sind über die Felsen gelaufen …
> K.: Ja … *(lächelt)*

An diesem kurzen Ausschnitt des Gesprächs sehen wir, dass der Junge nur sehr wenig Erinnertes beiträgt. Vielmehr ist es die Mutter, die die ganze Geschichte erzählt und den positiven Ton vorgibt. Der Junge beschränkt sich darauf, das, was sie sagt, zu bestätigen oder zu wiederholen. Erst mit vier Jahren fangen Kinder an, sich stärker an Gesprächen zu beteiligen. In dem Maß, in dem ihre Sprachbeherrschung zunimmt, ergreifen sie immer mehr die Initiative und geben Erzählungen eine eigene Färbung. Später tauschen Erwachsene und Kinder dann Eindrücke und Einzelheiten aus, die Geschichten werden farbiger. Mit zunehmendem Alter gehen Kinder, wenn sie über ihre Erlebnisse reden, immer stärker über die reinen Informationen hinaus und lassen eine eigene Perspektive erkennen. Dies hilft ihnen dabei, eine persönliche Bindung zu ihren Gesprächspartnern aufzubauen. Nun bringen sie, wenn sie sich erinnern und Geschichten erzählen, auch immer mehr Nuancen über sich und ihre Umgebung ins Spiel. Stück für Stück konstruieren sie so ihre Autobiografie.

Zahlreiche Untersuchungen deuten darauf hin, dass Mädchen ab einem Alter von sechs Jahren sich häufiger Erlebnisse ins Gedächtnis rufen als Jungen, und dass ihre Schilderungen intensiver, persönlicher und detailreicher sind. Nach Ansicht Robyn Fivushs von der Emory University in Atlanta, einer Spezialistin auf diesem Gebiet, erklärt sich dies womöglich daraus, dass Frauen generell sprechfreudiger und kommunikativer sind als Männer. Eine weitere interessante Feststellung ist, dass Väter wie Mütter, wenn sie Töchtern aus ihrer Vergangenheit erzählen, ihre persönlichen Erfahrungen in mehr Einzelheiten schildern und dabei mehr Gefühle zum Ausdruck bringen, als wenn sie mit Söhnen reden.

Was die Art angeht, wie Kinder erzählen, so zeigt der Psychologieprofessor Christopher Peterson von der University of Michigan in seiner Analyse von circa 50 Studien, dass die Mehrheit der unter Zwölfjährigen sich daran orientiert, wie die Eltern Erinnerungen darbieten, insbesondere dann, wenn die Kinder sie als kompetent erleben. Kinder, die immer wieder hören, wie ihre Eltern Ereignisse positiv einordnen, tendieren dazu, sich diese positiven Erklärungsmuster auch für die Erzählung ihrer eigenen Erfahrungen zu eigen zu machen.

In derselben Weise prägen die Urteile, die Eltern, Babysitter und Erzieher über das Verhalten der Kleinen fällen, deren Einstellung. Verallgemeinernde positive Erklärungen ihrer Erfolge – »Das Bild ist toll geworden, du bist ja auch ein sehr kreatives Mädchen« – oder einschränkende Interpretationen ihrer Misserfolge – »Das Bild ist halt nicht so toll geworden, wie du wolltest, weil du heute ein bisschen müde bist« – fördern die Neigung zum positiven Denken.

Auch der Keim der Hoffnung wird in den ersten Jahren der Persönlichkeitsbildung gesät. Bereits die Tatsache, dass eine Bezugsperson kommt, sobald ein Kind zu weinen anfängt, genügt, um ihm den Eindruck zu vermitteln, die Befriedigung bestimmter Bedürfnisse sei möglich und hänge von ihm selbst ab. In der Tat zeigen die meisten Zweijährigen, die von fröhlichen und aufmerksamen Erwachsenen betreut werden, schon klare Anzeichen einer zuversichtlichen Haltung gegenüber Widrigkeiten. Mit der Zeit neigen diese Kinder dazu, hoffnungsspendende Gedanken zu hegen wie »Ich weiß, was ich zu tun habe, um meine Ziele zu erreichen« oder »Wenn ich in Schwierigkeiten gerate, bin ich sicher, dass mir eine Lösung dafür einfällt«. Eine zuversichtliche Grundhaltung speist sich aus frühkindlichen Erfahrungen, die den Kindern ein Gefühl der Geborgenheit, Sicherheit und Ruhe und vor allem einer angemessenen Kontrolle über ihre Situation vermitteln. Das Bedürfnis, sich als Herr über das eigene Leben zu fühlen, ist in uns Menschen tief verwurzelt und stellt einen Grundbestandteil unseres seelischen Gleichgewichts dar.

Eine optimistische Disposition geht in der Regel mit bestimmten anderen Charakterzügen einher. So besteht ein enger Zusammenhang zwischen Optimismus und Extrovertiertheit, also der Neigung eines Menschen, auf andere zuzugehen und ihnen seine Gefühle zu offenbaren. Pessimismus verbindet sich im Allgemeinen mit dem Gegenteil, mit Introvertiertheit, also einer Zurückhaltung im Umgang mit anderen. Optimisten beschreiben sich für gewöhnlich als dankbarer denn Pessimisten. In einem Experiment, das der Autor Gregg Easterbrook in seinem kürzlich erschienenen Buch *The Progress Paradox* beschreibt, führte eine Gruppe von Studentinnen und Studenten über mehrere Wochen hinweg ein »Dankbarkeitstagebuch«. Darin wurden sämtliche Momente notiert, in denen sich die Teilnehmer anderen zu Dank verpflichtet fühlten. Die Ergebnisse belegen, dass die Studenten umso häufiger ein Gefühl von Dankbarkeit gegenüber anderen, Gott oder dem Leben ganz allgemein empfanden, je optimistischer sie waren. Bemerkenswert ist dabei, dass die Teilnehmer mit dem größten Hang zur Dankbarkeit zugleich die höchsten Werte bei der Fähigkeit erzielten, Schwierigkeiten und Hindernisse in ihrem Leben wahrzunehmen.

Ein weiterer Charakterzug, der sich häufiger mit Optimismus als mit Pessimismus verbindet, ist die Fähigkeit zu verzeihen. Der Widerwille, schwere Fehler, Zurückweisungen und Gemeinheiten – sich selbst und anderen – zu vergeben, ist nur menschlich. Wenn man sich umhört, findet man heraus, dass viele Menschen bestimmte Vergehen für unentschuldbar halten. Dennoch gibt es Leute, denen verzeihen leichter fällt als anderen. Der US-amerikanische Psychologe Michael E. McCullough hat in einer Reihe von Untersuchungen festgestellt, dass ein Mensch umso mehr dazu neigt, Kränkungen oder Beleidigungen zu verzeihen, je optimistischer er ist.

Bisher gibt es keinen Hinweis darauf, dass sich der Optimismus bei Männern und Frauen nennenswert unterscheidet. Auch das Alter hat keinen Einfluss auf die positive oder negative Grundhaltung von Menschen, wobei Heranwachsende häufig unter starken Stimmungsschwankungen leiden und die geistigen und körperlichen Kräfte in späteren Jahren nachlassen. Dennoch ist das Alter keine statistisch relevante Größe, um die Grundhaltung einer Person zu beschreiben. Das Gleiche gilt für die Intelligenz.

So wenig wie ein hoher IQ die Garantie für ein glückliches Leben darstellt – wir alle kennen Menschen mit außergewöhnlichen intellektuellen Fähigkeiten und einer bedauernswerten Biografie –, geht ein scharfer Intellekt automatisch mit einer optimistischen Grundhaltung einher. Allerdings glaube ich, dass nicht wenige weise Menschen eine gewisse optimistische Prägung aufweisen. So las ich vor Kurzem, Albert Einstein, der sich wie so viele Genies immer eine große Neugier und Offenheit für das Leben bewahrte und nichts als selbstverständlich nahm, habe auf die oft wiederholte Frage, welche seiner Eigenschaften am meisten zu seinen Errungenschaften beigetragen habe, geantwortet: »Die Gabe der Phantasie und der Zuversicht bedeutet mir sehr viel mehr als die Fähigkeit, Wissen aufzunehmen und zu behalten.«

Bevor wir das Thema Persönlichkeitsentwicklung abschließen, möchte ich noch kurz auf das Gehirn als den physischen Ort eingehen, an dem sich dieser Prozess manifestiert. Obwohl ein Hang zu Optimismus oder Pessimismus weder an einer bestimmten Stelle im Gehirn lokalisiert ist noch auf eine spezifische chemische Reaktion zurückgeführt werden kann, geht aus zahlreichen Studien hervor, dass der vordere linke Gehirnlappen bei Optimisten aktiver ist als bei Pessimisten. Der US-amerikanische Neuropsychologe Richard Davidson hat beispielweise nachgewiesen, dass Babys im Alter von zehn Monaten, die nicht weinen und sich offenbar sicher fühlen, wenn sie von ihrer Mutter getrennt sind, eine höhere Aktivität im vorderen linken Gehirnlappen aufweisen als Babys, die in derselben Situation verzweifelt zu schreien beginnen. Darüber hinaus belegte er, dass Erwachsene mit einem höheren

Maß an Aktivität in diesem Teil des Gehirns in angenehmen Situationen mehr positive Gefühle und in unangenehmen weniger negative Gefühle zu erkennen gaben als andere.

Um bei der Geografie des Gehirns zu bleiben: Es ist auch interessant festzustellen, dass Menschen, deren rechte Gehirnhälfte dominant ist, dazu tendieren, ihren Optimismus oder Pessimismus »allgemeiner« auszudrücken. Das heißt sie nehmen die Welt insgesamt als gastlichen oder als unwirtlichen Ort wahr. Menschen, bei denen die linke Gehirnhälfte dominiert, reagieren in Abhängigkeit davon optimistisch oder pessimistisch, wie sie ihre konkrete Lage bewerten. Merkwürdigerweise verhalten sich die beiden Gehirnhälften nicht immer kohärent. Das wird bei Menschen erkennbar, die größere Probleme voller Optimismus anpacken, auf kleinere Rückschläge aber frustriert und mutlos reagieren.

Zu Letzteren würde ich mich selbst zählen. Auf der einen Seite glaube ich, dass die Naturgesetze sich fast immer zu unseren Gunsten auswirken, und bin überzeugt davon, dass sich die Menschheit in jeder Hinsicht zum Besseren hin entwickeln wird. Andererseits aber ist meine erste Reaktion auf gewisse Widrigkeiten oft blanke Niedergeschlagenheit. So stürzte mir beispielsweise beim Schreiben dieses Buches mehrmals der Computer ab. Sofort schoss mir durch den Kopf, dass ich wahrscheinlich alles bisher Geschriebene verloren hätte und das Problem sich auch nicht lösen lassen würde. Schließlich wandte ich mich dann an meinen neunzehnjährigen Sohn Joseph, und in weniger als fünf Minuten stellte sich unweigerlich heraus, dass das, was ich für einen irreparablen Schaden gehalten hatte, nur ein unbedeutender Zwischenfall war.

Um die Ausbildung unserer Persönlichkeit in ihrem ganzen Umfang zu begreifen, ist nun noch die Rolle zu betrachten, die die kulturellen und gesellschaftlichen Werte des Ortes und der Zeit spielen, in denen wir leben.

Kulturelle Werte

*»Die Kultur prägt die Einstellungen und
Verhaltensweisen der Menschen.«*
W. Somerset Maugham

Bevor ich den prägenden Einfluss der Kultur auf die Persönlichkeit des Einzelnen bespreche, möchte ich mit einer vorläufigen Definition von »Kultur« beginnen. Mit der Kultur eines Volkes meine ich die Gesamtheit der Grundsätze, Glaubensüberzeugungen, Symbole, Gebräuche und Normen – ob explizit oder implizit –, die dessen Mitglieder einführen, um ihr Überleben und ein geordnetes, friedliches Zusammenleben zu sichern.

In einem gewissen Sinn stellen die kulturellen Werte für eine Gesellschaft das dar, was Erfahrung und Erinnerung für den Einzelnen sind. Die Vorgaben und Inhalte der Kultur geben uns von Kindheit an Orientierung. Sie helfen uns dabei, unsere Ideale und unsere Prioritäten festzulegen, bilden die Grundlage von Verhaltensnormen und manifestieren sich in den Erklärungen, die wir für unsere Erlebnisse finden, und darin, wie wir die Welt insgesamt erfahren und interpretieren.

Kulturelle Prinzipien werden von Generation zu Generation weitergegeben, und obwohl sie im Lauf der Zeit einem Wandel unterliegen und sich den neuen Bedürfnissen und Notwendigkeiten der Gesellschaft anpassen, bleiben sie in der Regel ziemlich stabil. Ihre Übermittler sind die Großeltern, die Eltern, die Lehrer, gesellschaftliche Leitfiguren, die Medien sowie die Figuren und populären Gebräuche, in denen sich die Werte der Zeit spiegeln.

Die Kultur eines Landes prägt in subtiler, doch wirkungsvoller Weise die positive oder negative Grundhaltung, die von ihren Mitgliedern in verschiedenen Situationen erwartet wird. Schon von klein auf versuchen wir uns die Einstellungen zu eigen zu machen, die unsere Gesellschaft am ehesten akzeptiert, selbst wenn sie nicht mit unseren wahren Gefühlen übereinstimmen. In einem einschlägigen, vom Psychologieprofessor Michael Argyle von der Oxford University beschriebenen Experiment wurden Kinder zwischen vier und zwölf Jahren angenehmen und unangenehmen Situationen ausgesetzt. Anschließend sollten die Probanden aus einer breiten Palette von Fotos, die andere Kinder in ihrem Alter mit freudigem, traurigem, verärgertem, überraschtem, angeekeltem oder verängstigtem Gesicht zeigten, dasjenige heraussuchen, das ihren eigenen Gemütszustand am besten wiedergab. Es stellte sich heraus, das die Teilnehmer mit zunehmendem Alter immer mehr dazu neigten, nicht die Fotos zu wählen, die ihrem Gefühl entsprachen, sondern jene, die sie für »die richtigen« hielten. Darauf angesprochen, sagten 57 Prozent der Kinder, sie hätten ihre wahren Gefühle aus Angst verborgen, dafür getadelt zu werden. 43 Prozent gaben an, so gehandelt zu haben, um sich nicht schämen zu müssen.

Bestimmte Gesellschaften prägen eine positivere Weltsicht aus als andere. Eine von Ed Diener, Professor für Sozialpsychologie an der University of Illinois, vorgenommene, breit gestreute Auswertung von Untersuchungen zur Optimismusrate in verschiedenen Ländern zwischen 1975 und 1998 zeigte, dass es Optimismus zwar überall auf der Welt gibt, jedoch in unterschiedlichem Maß. Die Einwohner Dänemarks, der Schweiz, Norwegens, der USA, Italiens und Kanadas standen am positiven Ende der Skala, gefolgt von Irland, Frankreich, Spanien, Mexiko und Argentinien. Am pessimistischen Ende befanden sich Russland, die Ukraine, Georgien, Nordkorea, die Türkei, Indien, Pakistan, Brasilien und China. Obwohl die Forscher eine gewisse Korrelation zwischen der Optimismusrate in der Bevölkerung und dem Pro-Kopf-Einkommen sowie der Beschäftigtenquote feststellten, zeigte sich, dass die aussagekräftigste Verbindung diejenige zwischen dem Optimismus und dem Grad an Freiheit oder Rechtsstaatlichkeit im Gesellschaftssystem des jeweiligen Landes war. Dies führte zu der Schlussfolgerung, dass demokratische Systeme einen guten Nährboden für Optimismus darstellen. Gesellschaften dagegen, die nicht über geeignete rechtsstaatliche Institutionen verfügen und in denen die Macht in Händen einer Einzelperson oder einer kleinen Minderheit liegt, sind eher einer fatalistischen Haltung förderlich.

In einem weiteren aufschlussreichen Versuch verglich die deutsche Psychologin Gabriele Öttingen das Optimismusniveau bei west- und ostdeutschen Athleten nach den Olympischen Winterspielen 1984, als das Land noch in zwei Staaten geteilt war. Zu diesem Zweck analysierte sie Aussagen aus rund 400 Zeitungsinterviews, die die Sportler nach Ende der Spiele gegeben hatten. Dabei fand sie heraus, dass die Olympiateilnehmer aus dem Westen zwar viel weniger zu feiern hatten – sie hatten nur vier Medaillen gewonnen, gegenüber 24 ihrer Konkurrenten aus dem Osten –, ihre Äußerungen aber größeren Optimismus ausstrahlten. In einer weiteren Studie konnte dieselbe Psychologin feststellen, dass in Westdeutschland insgesamt ein höheres Optimismusniveau herrschte als in Ostdeutschland. In jeder Gesellschaft stellt dauerhafte Vernachlässigung grundlegender Bedürfnisse wie Freiheit, Sicherheit und Gerechtigkeit einen sicheren Quell für Pessimismus dar.

Die gute Nachricht ist, dass heute zum ersten Mal in der Geschichte eine Mehrheit der Völker in demokratischen Staaten lebt. Zumal in so gefährlichen Zeiten wie den unseren ist dies eine beruhigende Feststellung. Trotz unleugbarer Ausnahmen geschieht es eher selten, dass demokratische Staaten gegeneinander Krieg führen oder dass dort Bürgerkriege ausbrechen. Obwohl viele glauben, die Welt würde Tag für Tag gewalttätiger, verhält es sich in Wirklichkeit so, dass zivile und ethnische Konflikte seit Anfang der 1990er-Jahre zurückgegangen sind. Dies belegt eine umfassende Studie des Historikers Ted Robert Gurr von der University of Maryland. Der Wechsel zur Demokratie selbst kann, wie wir im ehemaligen Jugoslawien oder derzeit im Irak feststellen mussten, ein sehr blutiger Prozess sein. Doch wenn einmal ein Gleichgewicht zwischen Exekutive, Legislative und Judikative hergestellt ist, fördern Demokratien in der Regel die Interessen der Mehrheit, ohne die Rechte von Minderheiten zu opfern.

Ich glaube, dass die großartige ökonomische, soziale und politische Entwicklung, die die spanische Gesellschaft in den vergangenen 30 Jahren auf friedliche Weise durchgemacht hat, als ein entscheidender Faktor zu gelten hat, um die positive Stimmungslage der Spanier zu erklären. Eine Erhebung des Meinungsforschungsinstituts Demoscopia zum Jahrtausendwechsel stellte in Haushaltsinterviews mit volljährigen Männern und Frauen fest, dass sechs von zehn Spaniern sich als Optimisten bezeichnen; nur einer von zehn gibt an, Pessimist zu sein. Die Mehrheit der Befragten, genauer gesagt 60 Prozent, glaubt, die Menschen würden in der Zukunft freier und glücklicher leben, und etwa 80 Prozent rechnen damit, dass Heilmittel gegen Krebs und AIDS gefunden werden.

Das Gleichgewicht zwischen den Wünschen, die Menschen hegen, und ihren Mitteln, um diese Wünsche zu erfüllen, ist für das Verständnis der gesellschaftlichen Wurzeln des Optimismus von grundlegender Bedeutung. Niemand bestreitet, dass ein anhaltendes Gefälle zwischen dem, was man erstrebt, und den Chancen, es zu erreichen, zu den häufigsten Gründen für Frustration, Passivität und Resignation zählt. Die Gesellschaften, die ihren Mitgliedern zubilligen und ermöglichen, Einfluss auf ihre eigene Zukunft zu nehmen, und in ihnen den Gedanken unterstützen, dass sie erreichen können, was sie sich vornehmen, nähren damit Motivation und Hoffnung. In dem Maß, in dem die kulturellen Werte mit den tatsächlichen Chancen der Menschen übereinstimmen, sehen diese die Ziele, die sie sich setzen, von einer optimistischen Warte aus.

Das Optimismusniveau ist auch in den Gesellschaften besonders hoch, wo der Individualismus gegenüber dem Kollektivismus überwiegt, also in den Kulturen, wo die Vorlieben, Vorhaben und Ziele des Einzelnen höher eingeordnet werden als die der Gruppe. Diese Einschätzung wird durch mehrere Untersuchungen gestützt, die Harry Triandis, Soziologieprofessor an der University of Illinois, vor zehn Jahren gründlich analysierte.

In individualistischen Kontexten werden grundlegende Entscheidungen im kleinen Kreis getroffen, etwa in der Familie, zusammen mit dem Partner oder in einer kleinen Gruppe von Freunden oder Geschäftspartnern, und nicht in einem weiteren gesellschaftlichen Rahmen. Ein anderer Charakterzug individualistischer Kulturen ist, dass sie den Glauben nähren, jeder sei ganz allein für seine Erfolge und Misserfolge verantwortlich. Kinder, die in einer individualistischen Gesellschaft aufwachsen, lernen früh, dass es »gut« ist, unabhängig zu sein, und »schlecht«, von anderen abzuhängen. Als Erwachsene kümmern sie sich höchstens aus persönlicher Neigung um die Belange ihrer Mitmenschen, nicht aber, weil das kulturelle Umfeld, in dem sie leben, das erfordern würde. In derartigen Gesellschaften wird häufig die Ansicht vertreten, erfolglose Menschen trügen selbst Schuld an ihrem Unglück; dies rechtfertigt dann, dass sich die Gesellschaft als solche nicht um sie kümmert und keinerlei Anstrengungen unternimmt, um ihnen zu helfen. Daher neigen die Menschen dort dazu, ihr Leben darauf auszurichten, ein größtmögliches Maß an Kontrolle über ihr eigenes Schicksal zu erlangen, und alles daranzusetzen, dass sie letztendlich gut wegkommen.

In Kulturen wiederum, wo das Gemeinschaftsgefühl an erster Stelle steht, lernen Kinder von klein auf, dass die Gesellschaft von ihnen erwartet, mit anderen zusammenzuarbeiten und Verantwortung für das Wohlergehen anderer zu übernehmen. Deshalb versuchen Menschen, die in einer solchen Kultur leben, von sich aus zu kooperieren, und Glück oder Unglück der Menschen in ihrer Umgebung lassen sie nicht unberührt. In kollektivistischen Gesellschaften hat der Gedanke, das eigene Glück über alles andere zu stellen, weniger Verfechter und wird nicht ständig öffentlich verkündet. Vielleicht ist es deshalb in diesen Kulturen nicht so wichtig, einen rein persönlichen Optimismus zu vertreten.

Edward Chang und seine Mitarbeiter am Institut für Psychologie der University of Michigan verglichen die Neigung zu positiven oder negativen Prognosen bei US-Amerikanern und Japanern, in zwei Kulturen also, die als Repräsentanten von Individualismus und Kollektivismus gelten können. Die Ergebnisse zeigten eindeutig, dass die

Tendenz, mit positiven Ereignissen zu rechnen, bei Nordamerikanern weit stärker ausgeprägt war als bei Japanern. In einer späteren Untersuchung stellten der Soziologe Y. T. Lee und der Psychologe Martin Seligman fest, dass die Dauer, über die ein Mensch in einer individualistischen Kultur lebt, seinen Optimismusgrad beeinflusst. Lee und Seligman verglichen verbreitete Erklärungsmuster bei drei Gruppen: US-Amerikanern, Chinesen, die zehn Jahre oder länger in den USA gelebt hatten, und Chinesen, die ihr ganzes Leben in China verbracht hatten. Am höchsten war das Optimismusniveau bei den US-Amerikanern, gefolgt von den dort beheimateten Chinesen. Die in China ansässigen Testpersonen wiesen den geringsten Grad an Optimismus auf.

Wie die Psychologen L. A. King und C. K. Napa vor einigen Jahren bewiesen haben, herrscht in den Vereinigten Staaten eine derartige Verherrlichung des Glücksgedankens, dass die Mehrheit der gläubigen Bevölkerung sogar die Ansicht vertritt, glückliche Menschen kämen mit größerer Wahrscheinlichkeit in den Himmel als unglückliche. Außerdem hat die Kultur dieses Landes Mythen geschaffen und von Generation zu Generation weitergegeben, die eine optimistische Grundhaltung befördern. Der älteste dieser Mythen besteht in der Überzeugung, mit Optimismus lasse sich jedes Problem meistern. Dieser idealisierte Optimismusgedanke wird von Pollyanna verkörpert, der jungen Protagonistin im gleichnamigen Roman, den die US-Autorin Eleanor H. Porter 1913 veröffentlichte. Die Gestalt der Pollyanna ist mittlerweile so sehr in der Gesellschaft verwurzelt, dass man ein davon abgeleitetes Adjektiv – *pollyannish* – verwendet, um überzeugte Optimisten zu charakterisieren.

Für diejenigen unter den Lesern, die die Geschichte

nicht kennen: Pollyanna ist eine immer fröhliche Elfjährige, deren Vater ihr »das frohe Spiel« beigebracht hat. Das Spiel besteht darin, an allem etwas zu finden, worüber man sich freuen kann. Als Pollyannas Vater stirbt, zieht sie aufs Dorf zu ihrer Tante, einer nörglerischen alten Jungfer, deren Haltung von Griesgrämigkeit und Resignation gekennzeichnet ist. Kaum betritt Pollyanna ihr neues Heim, widmet sie sich unermüdlich der Aufgabe, mit allen das »frohe Spiel« zu spielen. Binnen kurzer Zeit schafft sie dadurch eine Atmosphäre von Optimismus und guter Laune, die nicht nur die Einstellung ihrer Tante verändert, sondern auch den Kranken, Verbitterten und Verzweifelten, die ihr begegnen, das Leben leichter macht. Eines Tages aber wird Pollyanna von einer Kutsche angefahren und ist fortan gelähmt. Als das Mädchen im Bett liegt, vor sich die trostlose Aussicht, nie wieder laufen zu können, ist es zum ersten Mal in seinem Leben tieftraurig. Doch Pollyannas Trauer schwindet, als sämtliche Bewohner des Städtchens sie besuchen kommen und erzählen, dank ihr würden sie nun alle das Spiel spielen und seien deshalb viel glücklicher als zuvor. Sofort tritt ein Strahlen auf Pollyannas Gesicht, und sie ruft: »Dann habe ich doch Grund, froh zu sein. Ich kann mich freuen, dass ich meine Beine hatte, sonst hätte ich das alles nicht tun können.«

Eine übermäßige Idealisierung des optimistischen Denkens in einer Gesellschaft birgt allerdings die Gefahr, in eine Diktatur des Optimismus zu kippen und bei vielen Menschen chronische Unzufriedenheit und Enttäuschung hervorzurufen. Im Lauf meiner Berufstätigkeit in den USA habe ich diesen bedauerlichen Nebeneffekt häufig beobachten müssen.

In fast allen Kulturen spielt Religion eine zentrale Rolle. Zahlreiche von Experten wie Michael Argyle und David

Myers durchgeführte Untersuchungen in Europa und den Vereinigten Staaten bestätigen, dass gläubige Menschen – unabhängig von der Logik oder Rationalität ihrer Überzeugungen – nach eigenen Angaben positiver denken als Leute, die nicht religiös sind. So gut wie alle Glaubensrichtungen spenden ihren Anhängern Hoffnung. Der Sinn der menschlichen Existenz, wie ihn die Dogmen einer Religion darstellen, hat nicht den Charakter einer wissenschaftlichen Beweisführung, bietet vielen gläubigen Menschen jedoch etwas, wofür es sich zu leben und zu sterben lohnt. Der Glaube an eine höhere Macht regt dazu an, Widrigkeiten nicht so schwerzunehmen.

Die Kultur prägt also die Einstellungen der Menschen. Gewisse Werte fördern positives Denken und Zuversicht, andere dagegen untergraben sie. Eine tröstliche Beobachtung: Wenn wir zurückblicken und darüber nachsinnen, wie es den Völkern über die Jahrhunderte ergangen ist, so wird klar, dass die Strömungen, die Optimismus und Pessimismus fördern, kommen und gehen, doch mit der Zeit überwiegen erstere. Heute ist unsere Welt demokratischer denn je, das Individuum und seine Freiheitsrechte genießen mehr Respekt, Tag für Tag stellen sich mehr Menschen die Frage, ob Krieg tatsächlich ein geeignetes Mittel zur Lösung von Problemen sein kann, und im Unterschied zu früher machen sich schon Kinder Gedanken über die Reinheit der Luft, des Wassers, den Schutz der Wälder, der Tierwelt und der Umwelt insgesamt.

Wir Menschen sind komplexe Lebewesen. Wie wir sehen konnten, bildet sich die Persönlichkeit aus einer Vielzahl angeborener, erworbener und erlernter Faktoren. Biologische, psychologische, gesellschaftliche und kulturelle Kräfte formen die ureigene Art, in der jeder Mensch die Welt wahrnimmt und einschätzt. Im Folgenden beschreibe ich, wie noch die optimistischste Lebenseinstellung durch den schädlichen Einfluss von Hilflosigkeit und Melancholie untergraben, ja zerstört werden kann.

Was den Optimismus vergiftet

*»Gott bewahre uns davor, dass der Baum
der Hoffnung keine Blüten treibt.«*
Mark Twain, *Brief an Joe Goodman*, 1891

Chronische Hilflosigkeit

*»Die Schmerzen mögen groß sein, doch sie sind leichter
zu ertragen, wenn man in der Überzeugung lebt,
man werde die Krankheit, die diese Leiden verursacht,
überleben und schließlich gesunden. Das schlimmste
Unglück wird erträglich, wenn man sein Ende abzusehen
glaubt. Der schrecklichste Schmerz wird gelindert,
sobald man glaubt, dass er beseitigt werden wird.«*
Bruno Bettelheim, *Erziehung zum Überleben.*
Zur Psychologie der Extremsituation, 1976

Ein dauerhaftes Gefühl von Hilflosigkeit hat vernichtende
Auswirkungen auf die menschliche Psyche. Wer sich gegenüber einem widrigen Schicksal machtlos fühlt und sieht,
dass, was er auch tun mag, nichts sich ändert oder besser
wird, der neigt mit der Zeit zu Apathie und Fatalismus –
dazu, unter dem Druck und den Herausforderungen des
Lebens »das Handtuch zu werfen«.

Ein anhaltendes Bewusstsein von Ohnmacht und Schutz-
losigkeit ist Gift für den Optimismus, weil es ein Gefühl
der Schwäche und des Scheiterns nährt, das das Selbstbewusstsein untergräbt, die Initiative lähmt und jegliche
Hoffnung zum Erliegen bringt. Ein solcher schädlicher
Zustand der Hilflosigkeit stellt sich bei dauernden, unerträglichen körperlichen Schmerzen, tiefer Furcht vor einer
realen Bedrohung oder Angstzuständen und innerer Beklemmung ein. Hilflosigkeit kann auch die Folge trauma-
tischer Erfahrungen sein, die durch Naturkatastrophen
oder menschliche Grausamkeiten sowie durch anhaltende

Aggression gegenüber Menschen hervorgerufen wurden, die aus körperlichen, ökonomischen, gesellschaftlichen, rechtlichen oder psychischen Gründen nicht imstande sind, ihren Peinigern zu entkommen. Eine derartige Situation von Mobbing oder sonstiger Belästigung tritt häufig am Arbeitsplatz oder an Schulen auf und oft auch in der Familie.

Was Schmerz anbelangt, so kann uns der Körper zwar durch die Reize, die unsere Sinnesorgane aufnehmen, oder durch die aufputschende Wirkung der Hormone, die unsere eigenen Drüsen ausschütten – beispielsweise der Endorphine –, Lustempfindungen verschaffen. Dass wir genetisch darauf programmiert sind, den Fortpflanzungsakt zu genießen, ist einer der besten Tricks, die sich die Natur ausgedacht hat, um den Fortbestand der Spezies zu sichern. Aber der Körper kann auch zur Quelle unerträglicher Schmerzen werden. Die natürliche Funktion von Schmerz besteht bekanntlich darin, bei körperlichen Schädigungen ein Warnsignal zu geben und den Betreffenden dazu zu veranlassen, Gegenmaßnahmen zu ergreifen. Doch wenn der Schmerz nicht mehr vergeht, raubt er uns unter Umständen jeden Optimismus.

Obwohl die Medizin heutzutage über sehr wirksame schmerzlindernde Mittel verfügt, gibt es immer noch Schmerzen, die so intensiv sind, dass sie selbst dem enthusiastischsten Menschen jegliche Zuversicht nehmen. Ein Beispiel dafür ist die qualvolle Trigeminusneuralgie. Schon die kleinste Bewegung, eine sanfte Berührung, ja, die Liebkosung einer Brise auf der Haut verursachen einen stechenden, unerträglichen Schmerz im Gesicht. Der Alltag eines Betroffenen dreht sich bald nur noch um die plötzlichen Schmerzattacken und die erdrückende Panik vor dem nächsten unerwarteten »Stich«. Das erklärt, warum

Menschen, die unter dieser Krankheit leiden, häufig suizid-gefährdet sind. Weitere Beispiele für grausame Schmerzen sind starke Migräne, die auf keinerlei Therapie anspricht, einige degenerative Muskelkrankheiten sowie Tumore, die die Schmerzzentren oder die Knochen angreifen.

Auch chronische Schädigungen des Blutes – wie Leukä-mie –, gewisse Nervenleiden, hormonelle Ungleichgewichte und schwere Erkrankungen der Nieren oder der Leber kön-nen, obwohl sie nicht extrem schmerzhaft sind, die Vita-lität, das Gefühl von Selbstkontrolle und die Fähigkeit beeinträchtigen, zu anderen in Beziehung zu treten. Diese Leiden schaden auch dem Gemütszustand, trüben das Denken, lassen die Welt in einem düsteren Licht erschei-nen und zerstören schließlich den Optimismus des Kran-ken.

Ein anderes Gefühl, das eine optimistische Haltung zu-grunde richten kann, ist chronische Angst. Wie Schmerz ist auch Angst ein für das Überleben unerlässlicher natür-licher Reflex, versetzt sie uns doch in die Lage, gefährliche Situationen früh zu erkennen und uns entsprechend zu schützen. Sehen wir uns einer Gefahr ausgesetzt, so über-kommen uns Unruhe, Sorge und Erregung. Die Fortpflan-zungsorgane, der Verdauungsapparat und andere Organe sind wie gelähmt, und das Gehirn bereitet den Körper da-rauf vor, zu fliehen oder zu kämpfen.

In der psychiatrischen Praxis spricht man, wenn die Furcht nicht Folge einer objektiven Bedrohung ist, sondern auf einer Ängstlichkeit mit unbestimmter Ursache grün-det, von Angststörungen. Auch chronische Angstzustände sind Gift für den Optimismus. In der westlichen Welt sind fast zehn Prozent der Bevölkerung zu irgendeinem Zeit-punkt in ihrem Leben davon betroffen, und obwohl es mittlerweile wirksame, vor allem medikamentöse Therapien dagegen gibt, erweisen sich manche Fälle als behandlungsresistent.

Wir alle kennen Menschen, die in einem ständigen Zustand übertriebener Sorge und Unruhe leben, ohne dass die realen Umstände ihnen Grund dazu gäben. Die einen leiden an irrationalen Phobien, andere an allgemeiner nervlicher Anspannung. Wieder andere werden von Panikattacken oder von obsessiv-zwanghaften Störungen gequält, die sie lähmen, weil sie in unkontrollierbaren Gedanken oder Impulsen gefangen sind. Unter den hilflosesten Angstleidenden sind besonders die Hypochonder zu nennen, Menschen, die in einem Zustand andauernder Beunruhigung leben, weil sie überzeugt sind, schon ein vages Unbehagen oder eine vorübergehende Indisposition wie eine Erkältung, eine kleine Infektion oder ein leichter Schwindelanfall seien unweigerlich der Anfang einer schweren oder gar tödlichen Krankheit.

Es gibt niederschmetternde Erfahrungen, die noch die positivste Grundhaltung beschädigen. Traumatische Ereignisse können sich tief in die Mechanismen unseres Nervensystems eingraben und unsere Weltsicht negativ prägen. Obwohl die Bandbreite an Naturkatastrophen, Unfällen oder menschlichen Grausamkeiten, die uns den Optimismus rauben können, sehr groß ist, erweist sich das Ohnmachtsgefühl, das durch vorsätzliche menschliche Gewalt ausgelöst wird, als besonders zerstörerisch. Einschlägige Erfahrungen führen zu einem Phänomen, das in der Psychiatrie als *posttraumatische Belastungsstörung* bekannt ist. Zu den typischsten Symptomen dieses Leidens zählen das plötzliche Auftauchen belastender Bilder und Erinnerungen, Albträume, Angstzustände und Niedergeschlagenheit.

Eine bedeutende Untersuchung, die der Holländer Joop T. Jong zwischen 1997 und 1999 für die Weltgesundheitsorganisation (WHO) zu den Auswirkungen von politisch motivierter Folter und Mord auf die Gemütslage in der Bevölkerung durchführte, hat gezeigt, dass das Niveau von Resignation und Verzweiflung in Ländern wie Algerien, Kambodscha, Äthiopien und Palästina, wo die Bevölkerung derartigen Aggressionen ausgesetzt war, weit über dem in Staaten mit vergleichbaren sozioökonomischen und demografischen Bedingungen liegt, deren Einwohner keinen solchen Gewaltbedingungen unterworfen sind.

Zahlreiche Studien bestätigen, wie schädlich sich Missbrauch oder Vernachlässigung in der Kindheit auf die Entwicklung der Lebenseinstellung auswirken. Der anerkannte englische Psychologe John Bowlby und viele andere Experten für Kindheitsforschung haben belegt, dass Kleinkinder, die von ihren Bezugspersonen Zurückweisung erfahren, langfristig mit Apathie und Traurigkeit reagieren. Wer in der Familie oder in der Schule Unsicherheit, Misstrauen, Missbrauch, Angst und Ohnmachtsgefühle erlebt, der leidet als Erwachsener fast unweigerlich unter Minderwertigkeitsgefühlen, nimmt seine Umgebung als unwirtlichen Ort wahr oder hält sich gar für völlig unfähig, die üblichen Wechselfälle des Lebens zu meistern.

Auch wenn es Kinder gibt, die mit der Zeit die Folgeschäden grausamer Erlebnisse überwinden, bleiben nicht wenige ihr Leben lang von einer pessimistisch-fatalistischen Denkweise gezeichnet. Der Grund dafür liegt darin, dass ein anhaltendes Gefühl von Hilflosigkeit jede Hoffnung schwinden lässt, und wenn den betroffenen Kindern nichts anderes bleibt, als sich mögliche Erklärungen für das auszudenken, was sie zu erdulden haben, geben sie am Ende oft sich selbst die Schuld. Seriöse Untersuchungen, die an der Universität Trier und der Emory University durchgeführt wurden, zeigen, dass Menschen, die in ihrer

Kindheit fortwährendem Missbrauch ausgesetzt waren, als Erwachsene viermal häufiger depressions- und suizidgefährdet sind als solche, die unter weniger schlimmen Umständen aufgewachsen sind.

Andauernde übermäßige Angst führt zu Veränderungen im System von Hypothalamus, Hypophyse und Nebennieren, das dafür zuständig ist, unser physiologisches Gleichgewicht zu regeln. Die sogenannte HPA-Achse verbindet den Hypothalamus – der die Emotionen und Basisfunktionen wie die Körpertemperatur, Hunger und Schmerz reguliert – mit der Hypophyse oder Hirnanhangdrüse. Diese eminent wichtige Drüse, die auf der Schädelbasis sitzt, produziert unter anderem das adrenocorticotrope Hormon, das die Nebennierendrüsen anregt, ihrerseits Substanzen abzusondern, die unsere Fähigkeit steuern, auf Stress und Gefahren zu reagieren. Anhaltende Sorgen oder Ängste schädigen das Immunsystem und beeinträchtigen die Aktivität bestimmter Transmitterstoffe im Gehirn – insbesondere Serotonin und Dopamin –, die dafür zuständig sind, unseren Gemütszustand zu regeln. Ist deren Funktion gestört, so führt das häufig zu Mutlosigkeit und Verzweiflung. Mit der Zeit höhlt die stille, doch explosive Mischung aus Angst und Ohnmacht die Zuversicht der Betroffenen aus und ruiniert nach und nach ihr Leben.

Es liegt auf der Hand: Je weniger wir uns imstande fühlen, die Leiden unseres Körpers, die Störungen unserer Psyche und negative äußere Einwirkungen zu kontrollieren, desto mehr Raum geben wir Ohnmacht und Hoffnungslosigkeit, bis sie die Grundfesten unseres Optimismus erschüttern. Dennoch geschieht dies nicht bei allen Menschen im gleichen Ausmaß. Extreme Hilflosigkeit, die bei den einen ein tödliches Gift für den Optimismus ist, verursacht bei anderen nur begrenzten, vorübergehenden

Schaden. Woraus erklärt sich dieser Unterschied? Wie wir im vorherigen Kapitel sehen konnten, baut die Stärke und Energie unserer Haltung auf einer sehr komplexen Mischung aus genetischen Einflüssen, Charakterzügen und kulturellen Prägungen auf, die von Person zu Person variieren. Zudem ist zu bedenken, dass Opfer von Schmerz, Angst, phobischen Störungen, Gewalt oder Missbrauch nicht alle dieselbe medizinische und psychologische Behandlung erhalten, und auch der nötige soziale Rückhalt ist nicht bei jedem gegeben.

Es steht außer Frage, dass fast jeder Mensch mit der Fähigkeit geboren wird, ein natürliches Gegengift gegen Hilflosigkeit zu erzeugen. Dieses Gegengift setzt sich aus einem Gefühl von Sicherheit, Vertrauen, Hoffnung und weiteren positiven Charakterzügen zusammen, die sich in der Regel in den ersten zehn bis zwölf Lebensjahren ausbilden. Daher ist es von größter Bedeutung, die Hindernisse auszuräumen, die die Ausformung dieser Eigenschaften stören: Vernachlässigung, körperliche Misshandlungen, psychische Gewalt und sexueller Missbrauch.

Bösartiger Pessimismus

*»Für jene, die im dunklen Wald der Depression gelebt
und ihre unerklärbare Agonie erfahren haben, gleicht die
Rückkehr aus dem Abgrund dem Aufstieg des Dichters,
der aus den schwarzen Tiefen der Hölle immer weiter nach
oben klettert, um schließlich in das hinauszutreten,
was er ›die lichte Weltenseite‹ genannt hat.
Dort erhält jeder, der geheilt wurde, in beinahe jedem Fall
auch seine Fähigkeit zur Heiterkeit und Freude wieder, und
das mag genug Wiedergutmachung dafür sein, dass er die
Verzweiflung jenseits der Verzweiflung ertragen hat.«*
William Styron, *Sturz in die Nacht*, 1990

Das schlimmste Gift für den Optimismus ist die Depression. Viele von uns haben gelegentlich erfahren, was
Schwermut bedeutet, und sind sich der Fähigkeit dieses
Leidens bewusst, unser Leben zu beeinträchtigen. Depressionen zerstören die Wurzeln des Optimismus, greifen das
Selbstwertgefühl und Selbstvertrauen an, tönen den Blick
auf das Gestern mit Negativität und Schuldgefühlen und
rauben den Betroffenen die Hoffnung auf die Zukunft.

Es ist erschütternd, welchen Schaden diese Krankheit an
der Haltung und Zuversicht von Menschen anrichten kann.
Zwar leidet die Mehrzahl der Pessimisten nicht an Depressionen, doch depressive Menschen sind eingefleischte Pessimisten, mögen sie vor ihrer Erkrankung auch noch so
große Optimisten gewesen sein. Deshalb denke ich, dass es
sich lohnt, etwas genauer auf diese zerstörerische Krankheit einzugehen.

Gegenwärtig lassen sich depressive Zustände nicht messen wie der Blutdruck, die elektrische Aktivität des Herzens oder der Cholesterinspiegel im Blut. Die beste Methode, um herauszufinden, ob jemand depressiv ist oder nicht, besteht schlicht und einfach darin zu fragen, zuzuhören und zu beobachten.

Depressionen können unterschiedlich schwer ausfallen. Das Spektrum reicht von leichter, vorübergehender Antriebs- oder Mutlosigkeit bis zu schweren, dauerhaften Zuständen der Ohnmacht und Verzweiflung. Die Grenze zwischen einem »normalen«, flüchtigen Gefühl von Melancholie und den Symptomen einer Depression, die der Behandlung bedarf, ist oft fließend. Daher setzt die offizielle Diagnose einer schweren Depression neben deutlichen Verhaltensänderungen der Person das andauernde, offensichtliche Vorhandensein von fünf oder mehr Symptomen über einen Zeitraum von mindestens zwei Wochen voraus.

Depressionen treten einzeln oder in wiederkehrenden Episoden auf. In letzterem Fall spricht man von einer unipolaren Depression. Dagegen besteht die bereits im Kapitel über unsere genetische Ausstattung erwähnte bipolare Störung aus einer schweren Depression, der eine Phase von Euphorie und überzogen extrovertiertem, realitätsfremdem Verhalten folgt.

Manchmal ist es leicht, die Erkrankung mit einem traumatischen Erlebnis in Verbindung zu bringen, beispielsweise dem Ende einer wichtigen Liebesbeziehung, einem unerwarteten Arbeitsplatzverlust oder dem Tod eines nahestehenden Menschen. In anderen Fällen liegt die Ursache in einer körperlichen Störung. Wer einmal an Hepatitis, rheumatischer Arthritis oder Schilddrüsenunterfunktion erkrankt ist, weiß nur zu gut, welche Niedergeschlagenheit und welch tiefer Überdruss damit einhergehen. Ebenso offensichtlich sind die depressiven Auswirkungen bestimmter chemischer Substanzen, ob sie vom Arzt in guter

Absicht verschrieben wurden – manche Beruhigungsmittel, Reserpin oder Steroide – oder wie Alkohol oder Heroin aus eigenem Antrieb eingenommen werden. Häufig jedoch ist es schwierig, im Leben des Betroffenen etwas Konkretes ausfindig zu machen, das als Grund für seine Traurigkeit infrage kommt. Deshalb unterscheiden zahlreiche Fachleute zwischen reaktiven Depressionen, die durch einen äußeren Anlass hervorgerufen werden, und endogenen Depressionen, bei denen sich kein derartiger Auslöser feststellen lässt.

Die Symptome für Depressionen lassen sich in vier Gruppen einteilen: Gemütszustand, Denken, Verhalten und körperliche Symptome. Ein depressiver Mensch ist traurig, mutlos und versinkt in Angst, Bitterkeit und Resignation. Oft vergießt er Tränen, obwohl die Verzweiflung manchmal so groß wird, dass er nicht einmal mehr weinen kann. Neben der Traurigkeit treten häufig Beklemmung, Gereiztheit und Ungeduld gegenüber anderen auf. Die Depression führt dazu, dass man seinen Sinn für Humor, die Fähigkeit zu lächeln und das Interesse an Aufgaben und Beziehungen einbüßt, die einem bis dahin als angenehm erschienen.

Depressive Zustände verändern auch unser Denken. So fällt es den Betroffenen schwer, sich zu konzentrieren. Gleichzeitig finden sie allerlei Gründe, um sich und nach Möglichkeit auch andere davon zu überzeugen, dass jeglicher Erfolg in Wirklichkeit ein Scheitern bedeutet und dass jede Komplikation verheerend und irreversibel ist. Die Sicht auf sich selbst, die Umgebung und die Zukunft verfinstert sich so weit, dass die Betroffenen ihr Dasein als sinnlos erleben und sich sogar wünschen, sie wären tot. Depressionen führen zu äußerst unvorteilhaften Meinungen über sich selbst und zu einem extrem kritischen Umgang mit eigenen Fehlern und Misserfolgen, seien sie auch noch so klein. Man hält sich für unwürdig, geliebt zu werden, gibt sich die Schuld an jeglichem realen oder imaginären Übel und glaubt am Ende gar, das eigene Unglück verdient zu haben.

Depressionen gehen in der Regel mit körperlichen Symptomen einher. Die häufigsten davon sind Antriebslosigkeit, Essstörungen – ob in Form von Appetitlosigkeit oder zwanghaften Fressattacken –, Erschöpfung, allgemeine Schmerzen ohne erkennbare Ursache, Libidoverlust sowie Schlaflosigkeit oder chronische Müdigkeit. Oft fühlen die Betroffenen sich am Morgen stärker belastet als am Nachmittag und Abend. Für viele Betroffene ist das Aufwachen ein trostloser Augenblick.

Was das Verhalten angeht, so ist das häufigste Depressionssymptom das Fehlen jeglichen Antriebs, alltäglichen Erledigungen nachzukommen, bis hin zu den grundlegendsten Tätigkeiten wie zu essen oder sich zu waschen. Die Betroffenen verlieren das Interesse an allem, außer daran, sich Vorwürfe zu machen und sich in wüster Selbstkritik zu ergehen. Des Weiteren untergraben Depressionen das Gefühl, den Alltag im Griff zu haben, und die Fähigkeit, sich an Veränderungen anzupassen. Alle Kraft versickert in dem Versuch, die Herausforderungen des Alltags zu bewältigen. Da Depressionskranke keine Hoffnung empfinden, verfallen sie in Resignation, sehen mit Misstrauen in die Zukunft und neigen dazu, Möglichkeiten auszuschlagen, die sich ihnen bieten, und wenn sie noch so vielversprechend sind.

Krankhafte Schwermut beeinträchtigt in hohem Maß die Kommunikation und die Beziehungen zu anderen. Depressive Menschen sind außerstande, sich an der Anwesenheit ihrer Lieben zu erfreuen; also ziehen sie sich zurück, und da sie Bitterkeit und Erschöpfung ausstrahlen, distanzieren sich die anderen auch von ihnen. Depressionen unterminieren die Fähigkeit, sich zu amüsieren, sich abzulenken und die kleinen Freuden zu genießen, die das Leben lebenswert machen. Auch wird es unmöglich, Befriedigung aus Freizeitbeschäftigungen und Hobbys zu schöpfen. So bleibt unter dem Einfluss der Krankheit nichts von dem übrig, was den Menschen sonst die schönsten Momente im Leben verschafft.

Depressionserkrankungen sind in den Ländern der westlichen Welt – wo die Krankheit am eingehendsten erforscht wurde – sehr häufig anzutreffen. Dem Psychologieprofessor Edwin H. Cassem von der Harvard University zufolge leiden 48 Prozent der Bevölkerung im Laufe ihres Lebens wenigstens einmal an einer Depression. Eine weitere gesicherte Tatsache ist, dass die Häufigkeit depressiver Erkrankungen in den Industrienationen seit 1910 ununterbrochen gestiegen ist. Und aus ungeklärten Gründen kam es bei Personen, die nach 1940 geboren wurden, nochmals zu einem deutlichen Anstieg der Steigerungsrate. Zwischen besagtem Jahr und dem Jahr 1992 hat sich die Zahl der Fälle verzehnfacht.

Zur statistischen Zunahme von Depressionen trägt auch bei, dass sie immer genauer diagnostiziert werden können, nicht nur durch Spezialisten, sondern auch durch Hausärzte, Psychologen und schließlich durch die Betroffenen selbst und ihre Angehörigen und Freunde. Ein weiterer Faktor, der die Steigerung mitbedingt, ist die Tatsache, dass Depressionen in den vergangenen 20 Jahren zunehmend als Krankheit anerkannt wurden. Dadurch wird eine Depression heute als weniger demütigend wahrgenommen, und die Betroffenen suchen immer offener professionelle Hilfe. Man darf nicht vergessen, dass noch vor wenigen Jahren die bloße Erwähnung, beim Psychiater gewesen zu sein, als unwiderlegbarer Beweis von Wahnsinn oder zumindest als Zeichen von Charakterschwäche und persönlichem Versagen galt. Heute ist, wer psychologische Hilfe in Anspruch nimmt, nicht mehr so stark stigmatisiert.

Auch das Auftauchen und die rasche Verbreitung wirksamer Antidepressiva mit geringen Nebenwirkungen – sogenannten Selektiven Serotoninwiederaufnahmehemmern (SSRI), welche die Freisetzung von Serotonin im Gehirn erhöhen (Fluoxetin oder Prozac war das Erste davon) – hat in den vergangenen Jahren dazu beigetragen, dass Depressionskranke vermehrt Hilfe suchen. Unterstützt durch große internationale Werbekampagnen werden diese Medikamente Schätzungen zufolge derzeit von etwa 35 Millionen Menschen eingenommen.

Bis vor etwa 20 Jahren glaubte man, Kinder seien vor Depressionen gefeit, doch heute wissen wir, dass Schwermut in keinem Zusammenhang mit dem Alter eines Menschen steht. Man kann schon mit sechs oder sieben Jahren an einer Depression erkranken. Bei Kindern drückt sie sich allerdings weniger in Form von Traurigkeit als in Form von Verhaltensstörungen aus. So wollen depressive Kinder häufig nicht spielen, nehmen sich unwichtige Begebenheiten sehr zu Herzen, sind leicht reizbar, leiden unter Konzentrationsschwierigkeiten und legen in der Regel auch in der Schule ein auffälliges Verhalten an den Tag. Auch bei Jugendlichen werden Depressionen immer öfter diagnostiziert. Noch vor weniger als einem Jahrhundert gab es praktisch gar keine Jugend: Mit sieben oder acht Jahren überschritt ein Kind die Schwelle zum Erwachsenenleben, nachdem es wie durch Zauberkraft vernünftig geworden war. Heute ist es eine anerkannte Tatsache, dass Jugendli-

che eine Art geheimnisvolle, aufregende *Brücke* über-
schreiten, ein Vorgang, der bis zu einem Dutzend Jahre
dauern kann. Die Jugend von heute wächst mit mehr
Rechten, größeren Freiheiten, mehr Wissen und Idealis-
mus, aber auch mit einem größeren Bewusstsein davon
auf, dass es einen Graben zwischen Wunschvorstellungen
und den Chancen gibt, sie auch umsetzen zu können. Häufig führt das zu Resignation und Frust.

Selbstmord ist die bitterste Konsequenz aus krankhaftem Pessimismus. Seit Beginn der Zivilisation bis in unsere
Tage verbindet ein endloser roter Faden aus Verzweiflung,
Selbsthass, Erschöpfung, Einsamkeit und Ressentiment
diejenigen, die sich über ihren Selbsterhaltungstrieb und
die Angst vor dem Tod hinwegsetzten und sich das Leben
nahmen, bevor es an sein natürliches Ende gelangte. Obwohl einige Selbstmordphantasien die Hoffnung der Ge-
quälten auf ein besseres Jenseits durchscheinen lassen, ist
die Entscheidung, dem Leben ein Ende zu setzen, für die
Mehrheit das Eingeständnis des Scheiterns, höchstens
bemäntelt von fatalistischen Rationalisierungsversuchen.
Für Pessimisten, die kurz vor der Selbstzerstörung stehen,
klingt noch das eingängigste Argument gegen den Tod tri-
vial und lächerlich.

Nach Angaben der Weltgesundheitsorganisation nahmen sich im Jahr 2000 circa 815 000 Menschen das Leben, also 2232 pro Tag. Auf jeden Selbstmord kommen
20 gescheiterte Versuche. Im besagten Jahr forderte Selbstmord fast ebenso viele Opfer wie sämtliche Kriegshand-
lungen und Morde auf dem Planeten zusammen. Dennoch
umgibt eine dichte Wolke von Tabuisierungen das Thema
Suizid, und häufig wird ein Selbstmord geheim gehalten
oder vertuscht, sodass die offiziellen Zahlen die wahre
Größe des Problems nicht erfassen.

Auch wenn eine Depression nicht in Selbstzerstörung mündet, sterben Depressionskranke oft jung. Teilweise liegt das daran, dass sich verzweifelte Menschen schlechter ernähren, weniger auf sich aufpassen, häufiger Unfälle haben, mehr rauchen und mehr Alkohol konsumieren als zuversichtliche Zeitgenossen. Und wenn sie versuchen, sich auf eine gesündere Ernährung umzustellen, mit dem Rauchen oder mit dem Trinken aufzuhören, liegt die Wahrscheinlichkeit höher, dass der Versuch scheitert. Es ist daher nicht verwunderlich, dass die Sterberate von Depressionskranken jeglichen Alters doppelt so hoch ist wie die der Gesamtbevölkerung, und zwar selbst dann, wenn man Selbstmord, Ernährung, Tabakkonsum und andere gesundheitliche Risikofaktoren außen vor lässt. Der Grund dafür liegt darin, dass Depressionen für sich genommen schon eine Ursache von Herzleiden sind, weil sie Veränderungen im autonomen Nervensystem und Störungen in der Funktionsweise der Blutplättchen hervorrufen.

Die gesellschaftlichen Kosten des krankhaften Pessimismus sind exorbitant. Eine aktuelle internationale Erhebung, die der Professor für Psychiatrie an der University of Colorado, Steven Dubovsky, ausgewertet hat, zeigt, dass Depressionen im öffentlichen Gesundheitssystem extrem hohe Kosten verursachen. Allein in den Vereinigten Staaten liegen nach Schätzungen die jährlichen Ausgaben im Zusammenhang mit dieser Krankheit bei 42 000 Millionen Euro; die Summe setzt sich aus Behandlungskosten sowie den ökonomischen Folgeschäden zusammen, die durch Arbeitsunfähigkeit und frühzeitig eingetretenen Tod entstehen.

Leider ist noch kein sicheres Gegengift gegen Depressionen erfunden worden. Doch das bedeutet keineswegs, dass man nichts dagegen unternehmen könnte. Die beste Maßnahme besteht darin, Anzeichen, die auf eine entstehende Depression hindeuten, so schnell wie möglich festzustellen und unverzüglich die Behandlung einzuleiten. Die frühe Diagnose und rechtzeitige Behandlung akuter Depressionen kann den Patienten Monate krankhaften Pessimismus ersparen und viele Leben retten.

Es wird vermutet, dass mindestens ein Viertel aller Menschen, die an schweren Depressionen leiden, keine Behandlung erhalten. Einem depressiven Menschen fehlt schon definitionsgemäß der Antrieb, um Hilfe zu suchen. Und den Angehörigen ist häufig nicht klar, dass Niedergeschlagenheit eine heilbare Störung darstellt. Sind ältere Menschen betroffen, herrscht häufig die Meinung, Lebensüberdruss sei im Alter »normal«. Wenn es sich um Kinder und Jugendliche handelt, wird oft abgestritten, dass es sich um eine Depression handeln könnte, oder man schreibt ihre Schwermut den »üblichen Wachstumsbeschwerden« zu.

Wenn der Patient seine Melancholie somatisiert, das heißt seinen emotionalen Schmerz durch körperliche Symptome ausdrückt, wird das psychische Problem mit noch größerer Wahrscheinlichkeit geleugnet. Die Betroffenen wie auch unser Gesundheitssystem neigen grundsätzlich dazu, sich bevorzugt physischen Problemen zu widmen und die seelischen Aspekte von Krankheit außer Acht zu lassen. Auch der gesellschaftliche Makel, der psychischen Leiden bis heute anhaftet, stellt ein großes Hindernis dar, das zwischen dem Kranken und der Behandlung steht.

Heutzutage verfügen Medizin und Psychologie jedoch über sehr wirksame therapeutische Mittel gegen Depressionen. In den letzten 15 Jahren hat die medikamentöse Behandlung spektakuläre Fortschritte gemacht. Generell zeigen Untersuchungen zu den Ergebnissen von Pharmakotherapien, dass zwei von drei Patienten positiv auf Antidepressiva ansprechen. Etwa zehn Prozent der Patienten benötigen allerdings eine lebenslange Behandlung.

Positiv zu vermerken ist auch, dass die Mehrheit der Patienten gut auf Psychotherapien anspricht, besonders in Verbindung mit der Gabe von Antidepressiva. Eine wirksame Behandlungsform ist die sogenannte interpersonelle Therapie. Diese von Gerald Klerman, Psychiater an der Harvard University, und Myrna Weissman, Epidemiologin von der Columbia University, konzipierte Methode benötigt in der Regel nicht mehr als 16 Sitzungen. Sie konzentriert sich auf die Gegenwart, speziell auf das Selbstwertgefühl des Patienten und seine Beziehung zu anderen. Eine weitere nachweislich wirksame Form der Psychotherapie ist die von Aaron Beck von der University of Pennsylvania entwickelte Kognitive Verhaltenstherapie. Sie hilft dem depressiven Patienten dabei, etwas an seiner verzerrten Wahrnehmung – entmutigenden Verallgemeinerungen und anderen für Schwermütige typischen negativen Gedanken – zu ändern. Da jedoch jedes Opfer des krankhaften Pessimismus anders ist, besteht die beste Strategie darin, die Therapie dem Patienten anzupassen und nicht umgekehrt.

Jeder Mensch kann zeit seines Lebens von Hilflosigkeit und krankhaftem Pessimismus getroffen werden. Doch er kann auch versuchen, ihrer schädigenden Wirkung etwas entgegenzusetzen. Jeder Mensch kann den Optimismus in sich stärken, der ihm hilft, das wahrzunehmen und zu genießen, was das Leben lebenswert macht, und sich vor

Tiefschlägen schützen, die ihn sonst schwächen und zur Aufgabe zwingen.

Dank der natürlichen Lernfähigkeit des Menschen kann er sein eigenes Verhalten in einem gewissen Maß formen. Das ist keine leichte Aufgabe. Sie erfordert zuallererst eine genaue Beobachtungsgabe und den Mut, die eigenen Gefühle, Gedanken, Abwehrmechanismen, Erklärungsmuster, Ausreden und Rationalisierungen infrage zu stellen. Der nächste Schritt besteht darin, die erwünschten und möglichen Veränderungen zu bestimmen und sie anschließend in die Tat umzusetzen. Das kostet Mühe, Zeit und ein gerüttelt Maß an Elan, Selbstdisziplin und Geduld.

Im Lauf der Jahre habe ich feststellen können, dass die Techniken oder Strategien, die den Optimismus fördern, im Allgemeinen wirkungsvoller sind als diejenigen, die versuchen, den Pessimismus zu bekämpfen – mit Ausnahme der bereits besprochenen Depressionen, bei denen eine medizinische Behandlung nötig ist. Möglicherweise liegt das daran, dass die Gene bei der Ausprägung pessimistischer Charakterzüge eine wichtigere Rolle spielen. Wie wir im Folgenden sehen werden, lässt sich eine optimistische Haltung auf zwei Weisen stärken: indem man im Alltag wohltuende Gefühlszustände herbeiführt und indem man im Umgang mit allem, was einen beschäftigt, positive Gedanken und Bewertungsmuster fördert.

Gelebter Optimismus

*»Ich habe eingangs erwähnt, dass meine These einfach,
ihre Anwendung es aber nicht ist. Das Kriterium bleibt die
Anwendung – aber nicht im Sinne des bekannten Witzes:
Klavierspielen gibt es nicht; ich habe es selbst mehrmals
versucht, und es ist nichts dabei herausgekommen.«*
Paul Watzlawick, *Die Möglichkeit des Andersseins*, 1977

Eine positive Geisteshaltung fördern

»Der kluge Mann wird den Staub übersehen, den das Hausmädchen hat liegen lassen, er wird nicht bemerken, dass die Köchin keine Kartoffeln gekocht hat, wie ihr aufgetragen war, dass der Schornsteinfeger den Kamin nicht zur rechten Zeit geputzt hat. […] Wer gelernt hat, sich von der Herrschaft des Ärgers zu befreien, wird das Leben viel lebenswerter finden, als es ihm schien, solange er in beständiger Gereiztheit einherging.«
Bertrand Russell, *Die Eroberung des Glücks*, 1930

Dank des mittlerweile besseren Verständnisses der Funktionsweise des Gehirns und der Prozesse, die menschliche Entscheidungen regeln, ist man in den vergangenen 50 Jahren zu der Erkenntnis gelangt, dass die Gefühle beim Denken und Auffassen der Welt eine wesentliche Rolle spielen. Bestimmte zentrale Bereiche des Gehirns wie der Hypothalamus und die Amygdala, die dafür zuständig sind, Emotionen auszulösen und zu steuern, stimulieren auch die Neuronen, die auf rationales Denken spezialisiert sind. Dadurch besteht eine Kohärenz zwischen dem, was wir fühlen, und dem, was wir denken.

Wem es gelingt, sich eine ausgeglichene und fröhliche Grundstimmung zu bewahren, der ist mit hoher Wahrscheinlichkeit auch Optimist. Es ist erwiesen, dass ein positiver Gemütszustand angenehme Erinnerungen aufkommen lässt und schlechte Erfahrungen im Gedächtnis blockiert. Dagegen neigen traurige Menschen dazu, eher auf negative Erfahrungen zurückzuschauen und positive

Erlebnisse zu vergessen. Was die Zukunftsperspektiven angeht, so tendieren fröhliche Menschen dazu, günstige Ereignisse vorauszusehen und damit zu rechnen, dass sie daraus Nutzen ziehen werden, während mutlose Zeitgenossen eine starke Neigung dazu besitzen, Unglück vorauszuahnen und sich selbst als potenzielle Opfer zu denken. Dieses Ergebnis tritt auch dann ein, wenn man Versuchspersonen künstlich in heitere oder traurige Stimmung versetzt und sie anschließend nach ihren Zukunftserwartungen befragt.

Es liegt auf der Hand, dass wir über eine Unzahl von Faktoren, die unseren Gemütszustand beeinflussen, keine Kontrolle haben, von der genetischen Ausstattung über die körperliche und geistige Gesundheit, die Umweltbedingungen oder unerwartete Vorfälle bis hin zu unserer Persönlichkeitsstruktur. Doch ebenso gilt, dass wir positive Gefühle in uns nähren und Situationen herbeiführen können, die sie begünstigen.

In seinem lesenswerten Essay *El laberinto sentimental*, »Das Labyrinth der Gefühle«, schreibt der spanische Philosoph José Antonio Marina, um den affektiven Anteil unserer Persönlichkeit zu verändern und das Leben besser genießen zu können sei es nötig, uns in hoffnungsvollem Denken zu üben, sodass – bei aller erforderlichen Vernunft und Vorsicht – »der Schiffbrüchige zum Steuermann« werden kann.

Was ich nunmehr zu bedenken geben möchte, mögen Binsenweisheiten sein. Doch wie der eingangs zitierte Paul Watzlawick weiß auch ich aus Erfahrung, dass die einfachsten und nützlichsten Gedanken uns in der Hektik des Alltags häufig abhandenkommen. Wenn wir sie uns dann ins Gedächtnis rufen und sie umsetzen wollen, merken wir, dass das gar nicht so leicht ist. Jede Anstrengung, die wir unternehmen, um positive Gefühle zu kultivieren, sollte auch darauf hinauslaufen, dass wir kontrollierbare Situationen suchen, die uns Befriedigung verschaffen, solche, die uns traurig machen, dagegen ausschalten oder zumindest reduzieren. Auch die Ergebnisse der Forschung deuten durchweg darauf hin, wie hilfreich es ist, unsere Bemühungen auf einige relativ allgemeine Bereiche zu konzentrieren. Das fängt bei unseren persönlichen Beziehungen an.

Zahlreiche Untersuchungen stützen die Annahme, dass Menschen, die in einer Paarbeziehung oder als Familie leben oder die auf einen Freundeskreis oder eine solidarische Gruppe zählen können, mit der sie sich identifizieren, emotional zufriedener sind als diejenigen, die alleine oder isoliert leben oder denen ein soziales Netz fehlt, das sie emotional auffängt. Sich über Gefühle und Gedanken auszutauschen, Zuneigung zu geben und zu empfangen, andere anzunehmen und von ihnen angenommen zu werden, das alles fördert einen positiven Gemütszustand.

Ich werde nicht müde, den vielfältigen emotionalen Nutzen hervorzuheben, den es stiftet, mit anderen zu sprechen. Wörter und Emotionen sind eng miteinander verknüpft. So erlauben uns Gespräche nicht nur, uns Sorgen von der Seele zu reden, sie verschaffen uns auch die angenehmen Gefühle, die die Kommunikation mit geliebten Menschen mit sich bringt. Wir empfinden es als befriedigend, unsere Gedanken in einer wohlwollenden Umgebung zu fassen, zu ordnen und auszusprechen. Eben deshalb sprechen viele Männer und Frauen, wenn menschliche Gesellschaft fehlt, mit dem Hund, der Katze, dem Vogel oder einer Zimmerpflanze – obwohl sie es nur ungern zugeben. So manchem tut es auch gut, Selbstgespräche zu führen, und zwar laut.

Bei Tätigkeiten, die uns körperlich oder intellektuell fordern, bei denen wir unsere Fähigkeiten und Talente entfalten können und die ein gesundes Maß an Anstrengung erfordern, fühlen wir uns nützlich und kompetent. Im Allgemeinen ist es eine wirksamere Strategie, erreichbare Ziele zu verfolgen, als sich damit abzumühen, negative Ereignisse zu verhindern. Wer zum Beispiel alles tut, um sich abzuschotten, und Sozialkontakte meidet, weil er Angst vor Zurückweisung hat, der zahlt für diesen Rückzug einen hohen Preis und verschlimmert langfristig seine Situation. Wenn er sich dagegen den Schwierigkeiten stellt, die es ihm bereitet, zu anderen in Beziehung zu treten, wird meist schon der Versuch belohnt.

In dem Maß, in dem die Lebenserwartung steigt und der technologische Fortschritt es erlaubt, die Arbeitszeit zu verkürzen, steigt die Bedeutung von Freizeit, und ihr Einfluss auf unseren Gemütszustand wird größer. Es gibt heute eine unüberschaubare Bandbreite von Angeboten, die uns in Mußestunden positive Emotionen bescheren können. Eine gute Methode besteht darin, sich regelmäßig ein »Menü« erfrischender Aktivitäten zusammenzustellen: sich mit Freunden zu treffen, eine köstliche Mahlzeit oder schöne Musik zu genießen, im Park spazieren zu gehen, Sport zu treiben oder Ausflüge zu unternehmen. Und vergessen wir nicht die explosive Kraft des Humors. Dessen wichtigste Funktion ist die der Reinigung und der Befreiung von negativen Gefühlen.

Eine aktuelle Studie zu beliebten Alltagsbeschäftigungen, die der Psychologe und Ökonom Daniel Kahneman durchführte, und eine provokative Umfrage des *Time Magazine* zeigten übereinstimmend, dass zumindest in den Vereinigten Staaten die beliebtesten Tätigkeiten zur Verbesserung der Stimmung folgende sind: Gespräche mit

Freunden oder Familienangehörigen, Musik, Gebet oder Meditation, Hilfeleistungen, Baden oder Duschen, Herumtollen mit einem Haustier, Sport, Essen, Spritztouren und Sex. Berufstätige Mütter finden einen so unspektakulären Zeitvertreib wie eine Unterhaltungssendung im Fernsehen angenehmer als Shopping, Kochen oder Zeit mit ihren Kindern zu verbringen.

Die kleinen Freuden, die uns im Alltag widerfahren, besitzen einen nicht zu unterschätzenden Einfluss auf unsere Emotionen, Einstellungen und Verhaltensweisen. Unverhofft in einer Telefonzelle etwas Wechselgeld zu finden, ein paar Minuten von einem Zeichentrickfilm zu sehen, einen Blumenstrauß oder ein anderes kleines Geschenk zu erhalten oder zu erfahren, dass man eine Aufgabe zur Zufriedenheit des Auftraggebers ausgeführt hat – solche Kleinigkeiten können genügen, um unseren Optimismus ansteigen zu lassen. Außerdem haben diese kleinen freudigen Momente große Auswirkungen auf die Entscheidungen, die wir fällen, auf die Kreativität, mit der wir Probleme lösen, auf das Erinnerungsvermögen, auf die Lernfähigkeit, auf die Motivation, mit der wir ein neues Projekt angehen, und auf die Art, wie wir zu anderen in Beziehung treten.

Was uns intensive, plötzliche Glückserlebnisse verschafft, trägt dagegen nicht unbedingt dazu bei, dass wir das Leben in einem günstigeren Licht sehen. So stören extrem euphorische Gemütszustände, die durch stimulierende Drogen oder außergewöhnliche Ereignisse hervorgerufen werden, den Rhythmus der Hirnfunktionen und erfordern bei den Betroffenen tief greifende seelische Anpassungsprozesse. Für die Stärkung einer optimistischen Disposition, die den Kontakt zu anderen Menschen fördert, Entscheidungen und die kreative Lösung alltäglicher

Probleme erleichtert, kann es daher nützlicher sein, wenn jemand fünf Euro auf der Straße findet, als wenn er fünf Millionen im Lotto gewinnt.

Um sich einen wachen Geist zu bewahren, ist es wichtig, ein Leben lang aktiv zu bleiben. In den vergangenen drei Jahrzehnten wurde vielfach nachgewiesen, dass Männer und Frauen, die ihre körperlichen und geistigen Fähigkeiten – Gedächtnis, Verstand und Willenskraft – regelmäßig trainieren, tendenziell positiver gestimmt sind als diejenigen, die diese Fähigkeiten brachliegen lassen. Die wissenschaftliche Beweislage zu den positiven, befriedigenden Auswirkungen körperlicher und geistiger Aktivität auf unseren Gemütszustand ist mehr als überzeugend. Regelmäßige körperliche Ertüchtigung versetzt uns nicht nur in die Lage, den Kräften, die unseren Enthusiasmus untergraben können, besser standzuhalten, sie steigert auch die Ausschüttung von Endorphinen – den sogenannten Glückshormonen – und fördert die Qualität von Erholungsphasen.

Wer sich selbstlos bereitfindet, anderen zu helfen, und sei es auch nur für eine Stunde pro Woche, der leidet im Vergleich zu solchen Menschen, die keine selbstlose Hilfe leisten, seltener an Angststörungen, schläft besser und hat in der Regel eine positivere Sicht auf das Leben. Ich erinnere mich stets gerne an das Rezept der französischen Schriftstellerin Simone de Beauvoir zur Stärkung des Enthusiasmus: Man solle sich anderen Menschen, Gruppen oder Zielen widmen und ein aktives Leben voller Hingabe führen. Anderen zu helfen bedeutet zugleich, sich selbst zu helfen. Das Gemeinwohl nützt jedem Einzelnen.

In unserer Zeit erfreuen sich spirituelle Aktivitäten, darunter Meditationspraktiken, Gebete, religiöser Gesang und mystische Gruppenriten als Quelle positiver Emotionen großer Beliebtheit. Religionen unterschiedlichster Prägung sind weltweit auf dem Vormarsch – mit der offensichtlichen und merkwürdigen Ausnahme Westeuropas. Wie die englische Autorin Karen Armstrong in ihrem Buch *Nah ist und schwer zu fassen der Gott. 3000 Jahre Glaubensgeschichte von Abraham bis Albert Einstein* (1993) feststellt, ist zwar die Essenz der Religionen im Grunde imaginär und abstrakt, doch letztlich zählt vor allem ihre praktische Umsetzung. Armstrong zufolge ist es viel wichtiger, dass eine Vorstellung von Gott funktioniert und ihren Zweck erfüllt, als dass sie logischen oder rationalen Kriterien genügt. Im Übrigen sind viele Menschen vollauf damit zufrieden, sich ohne Götter oder Ewigkeitssehnsüchte eine eigene Spiritualität zu schaffen. Ihre innere Stimme der Hoffnung nährt sich aus positiven Idealen wie Liebe, Gerechtigkeit, Freiheit oder Kreativität. Andere wiederum erfreuen sich daran, sich mit einem bestimmten Aspekt des Universums zu verbinden – beispielsweise dem Sonnenauf- oder -untergang oder der Meeresbrise.

Um unseren Optimismus zu fördern oder ihn wenigstens auf seinem aktuellen Niveau zu halten ist es schließlich von großem Nutzen, aus ganz verschiedenen Quellen Zufriedenheit zu schöpfen. Wer mehreren voneinander unabhängigen Tätigkeiten gerne nachgeht, der hat insgesamt mehr vom Leben und erträgt Rückschläge besser. Eine anregende Beschäftigung kann zum Beispiel den Schock einer Scheidung abfangen. Wie Investoren ihr Kapital auf verschiedene Anlageformen verteilen, so ist es auch zweckmäßig, die Lebensbereiche zu diversifizieren, die uns Befriedigung verschaffen.

Das Denken formen

*Havelock Ellis: »Optimismus floriert am besten
in Irrenhäusern.«*
Albert Einstein: »Ich wäre lieber ein verrückter Optimist
als ein vernünftiger Pessimist.«

Eine zweite wirksame Methode, um sich eine optimistische Lebenseinstellung zu eigen zu machen, besteht darin, sich in positivem Denken zu üben. Dazu müssen wir erst einmal »darüber nachdenken, wie wir denken«. Man muss die Rationalität, die Vor- und Nachteile unseres spontanen Urteils über uns selbst, unsere Mitmenschen, über uns betreffende Ereignisse, über unsere Aussichten, das zu erlangen, was wir uns wünschen, kurz, über das Leben insgesamt analysieren, infrage stellen und neu bewerten.

Der nächste Schritt besteht darin, unsere Denkweise so umzuformen, dass sie so nutzbringend, positiv und vernünftig wie möglich wird. Unsere Aufgabe besteht darin, wie William James schon vor mehr als einem Jahrhundert sagte, eine neue Art des Denkens anzunehmen und zu üben, selbst wenn es anfangs bewusst oder »künstlich« wirkt. Auf die Frage: »Was also kann der Mensch tun, der unglücklich, weil in sich selbst verankert ist?«, antwortet Bertrand Russell: »Gründet sich die Seelenstörung zum Beispiel auf ein bewusstes oder unbewusstes Schuldgefühl, so mag er zunächst sein Bewusstsein davon überzeugen, dass er dazu keine Ursache hat. [...] Ringe dich zu der Erkenntnis durch, dass das Leben auch dann noch lebenswert sein würde, wenn du nicht – wie du es ja natürlich bist – all deinen Freunden an Wert und Gescheitheit unendlich überlegen wärst!«

Im Folgenden möchte ich auf die häufigsten Schwierigkeiten eingehen, die unsere Art zu denken in konkreten Situationen charakterisieren. Darüber hinaus mache ich ein paar Bemerkungen zu den nachteiligen Auswirkungen der verbreitetsten Glaubensüberzeugungen oder weltanschaulichen Annahmen.

Jeder Mensch bildet gedankliche Mechanismen aus, die seine Einschätzung bestimmter Lebenslagen widerspiegeln. Eine gute Intuition und ein funktionierendes »Bauchgefühl« sind wichtige Werkzeuge, die uns helfen, Entscheidungen zu treffen. Ohne sie hätten wir in vielen Situationen große Probleme, zu einem Urteil zu gelangen, besonders wenn wir uns auf unsicherem Terrain bewegen. Ich erinnere mich zum Beispiel an Roger, einen jungen, neunundzwanzigjährigen Anwalt. Dieser trübsinnig wirkende Mann beklagte sich, er habe den Mut verloren, weil er schon lange erfolglos nach einer Stelle suche. Während wir seine Bemühungen um einen Arbeitsplatz Schritt für Schritt durchgingen, kam Roger darauf, dass ihm schon beim ersten Mal, als er in der Zeitung ein interessantes Stellenangebot gesehen hatte, der drängende Gedanke überkommen hatte: »Wozu soll ich da anrufen, die denken doch sowieso, ich hätte nichts zu bieten.« Nachdem wir eine Weile darüber nachgedacht hatten, kamen wir beide zu dem Schluss, dass seine Reaktion vollkommen unangebracht war und ihn lähmte. Wenige Tage später begann er, Arbeitsvermittler aufzusuchen, und nach einigen Wochen fand er schließlich eine Stelle. Die Wahrscheinlichkeit, einen Sechser im Lotto zu landen, mögen verschwindend gering sein, aber wenn man nicht mitspielt, liegen sie bei null.

Auch die Geschichte von Ana – 37 Jahre, überaus kompetente und auf ihrem Fachgebiet renommierte Ärztin, eine selbstbewusste, attraktive Frau – zeigt, wie uns bestimmte automatisierte Gedankengänge einen bösen Streich spielen können. Ana hegte seit Langem den Wunsch, eine Familie zu gründen. Doch sie sah ihre Chancen auf eine stabile Partnerschaft geradezu zwanghaft pessimistisch. Als ich sie bat, mir dieses Gefühl etwas näher zu erläutern, antwortete sie: »Ich bin überzeugt, dass ich nie einen Partner finden werde, weil kein Mann dazu bereit ist, mit einer so starken und individualistischen Frau wie mir zusammenzuleben.« Kurz darauf fügte sie hinzu: »Die Männer haben einfach Angst vor mir!« Ich bat sie um ein Beispiel. Ana erzählte mir, vor Kurzem habe sie bei einem Empfang einen Mann kennengelernt, der ihr auf den ersten Blick gefiel. Nachdem sie sich ein paar Stunden angeregt unterhalten hatten, ließ er anklingen, er fühle sich in ihrer Gesellschaft sehr wohl und ihm gefalle ihre Art. Unwillkürlich schoss Ana durch den Kopf: »Der sucht doch nur eine oberflächliche Affäre. Würde er mich besser kennen, würde er sich bedroht fühlen und Reißaus nehmen.« Nach wenigen Minuten verspürte sie den unwiderstehlichen Drang zu fliehen; sie schob einen Notfall vor und verschwand hastig, ohne eine Spur zu hinterlassen. Nachdem wir gemeinsam überlegt hatten, wer hier eigentlich wen verschreckt hatte, gelangten wir zu einem überraschenden Ergebnis: Nicht er hatte sich von ihr bedroht gefühlt, wie sie meinte, sondern sie sich von ihm. Ana rechtfertigte die negative, schwarzmalerische Art, in der sie ihre Chancen einschätzte, eine Beziehung aufzubauen, mit einem solchen Totschlagargument, dass selbst eine vielversprechende Situation wie die aus ihrem Beispiel von vorneherein keine Überprüfung zuließ und als hoffnungslos deklariert wurde.

Paul Watzlawick, Professor für Psychologie an der Stanford University, beschreibt in *Anleitung zum Unglücklich-*

sein ironisch die negativen Folgen derartiger, häufig unbewusster pessimistischer Denkweisen. So äußert er sich zur Frage der Sicht auf das Gestern: »Mit etwas Geschick kann es auch der Anfänger dazu bringen, seine Vergangenheit durch einen Filter zu sehen, der nur das Gute und Schöne in möglichst verklärtem Licht zulässt. Nur wem dieser Trick nicht gelingt, der wird die Zeit seiner Pubertät (ganz zu schweigen von seiner Kindheit) mit handfestem Realismus als Periode der Unsicherheit, des Weltschmerzes und der Zukunftsangst erinnern und auch nicht einem einzigen Tag dieser langen Jahre nachtrauern. Dem begabteren Unglücksaspiranten dagegen sollte es wirklich nicht schwerfallen, seine Jugend als das unwiederbringlich verlorene Goldene Zeitalter zu sehen und sich so ein unerschöpfliches Trauerreservoir zu erschließen.«

Eine weitere Facette unseres Denkens ist der Erklärungsstil, den wir auf wichtige Ereignisse in unserem Leben anwenden. Hier erweist sich Martin Seligmans Modell, das ich im Kapitel über die Bestandteile des Optimismus beschrieben habe, als äußerst aufschlussreich. Wie dargestellt, analysiert Seligman die *Dauerhaftigkeit* der Wirkung eines Ereignisses auf unser Leben, dessen *Geltungsbereich*, also die Reichweite, die wir seinen Auswirkungen zuschreiben, sowie die *Personalisierung*, das heißt den Grad an persönlicher Verantwortung, die wir für das Geschehene zu übernehmen bereit sind. Sehen wir uns zur Veranschaulichung ein Beispiel an. Antonios Frau kommt müde von der Arbeit nach Hause und erfährt als Erstes eine schlechte Nachricht. Obwohl es sich um eine Kleinigkeit handelt, regt sie sich fürchterlich auf. Antonios Erklärung dafür: »Isabel ist die übellaunigste Frau der Welt.« Diese Einschätzung ist zweifellos pessimistischer und niederschmetternder als eine weniger umfassende Aussage wie etwa:

»So schlechte Laune wie heute hatte Isabel noch nie.« Wenn nun der Mann die Nerven verliert und seinerseits eine bissige Bemerkung macht, so lautet Isabels Erklärung: »Die Männer sind einfach alle gleich, sie meinen, sie können sich alles herausnehmen. Im Grunde hassen sie die Frauen.« Das hilft natürlich weniger, Antonios verbale Aggression zu verstehen, sie anzusprechen und den Streit beizulegen, als die Alternative: »Da ist Antonio aber jetzt ungerecht, wie ein echter Macho.«

Auch bei Erfolgserlebnissen gibt es Erklärungen, die das Selbstwertgefühl stärker stützen als andere. So baut es einen Studenten mehr auf, wenn er sich sagt: »Sie haben mich ins Rugbyteam geholt, weil ich ein guter Sportler bin«, als wenn er mutmaßt: »Die haben mich ausgesucht, weil sie noch ein paar Fettklöße brauchten.« Aus demselben Grund ist die Erklärung: »Wir hatten keinen Unfall, weil ich ein guter Fahrer bin und super Reflexe habe« positiver als: »Ein Wunder, dass wir heil davongekommen sind!«

Bei der Bewertung von Umständen, die uns zu schaffen machen, sind diejenigen Erklärungen die besten, welche die Auswirkungen von Schicksalsschlägen als gering einstufen oder vorteilhafte Vergleiche zwischen dem ziehen, was einem selbst widerfahren ist, und was andere zu erdulden hatten. Als die Einwohner des Küstenorts Pensacola in Florida im Herbst 2004 aus ihren Notunterkünften nach Hause zurückkehrten, nachdem der verheerende Orkan *Ivan* abgezogen war, fanden sie überflutete Keller, abgedeckte Dächer, mitsamt den Wurzeln ausgerissene Bäume und abgebrochene Laternenpfähle. Doch trotz dieses Bildes der Verwüstung trösteten sich viele mit dem Gedanken: »Es hätte noch schlimmer kommen können.« Die *New York Times* zitierte ein zehnjähriges Mädchen, das, als es sein Haus in Trümmern vorfand, sogar zu seiner Mutter sagte: »Mama, wir haben alles verloren, aber was für ein Glück, dass wir noch am Leben sind!« Monate später kam es unter den Überlebenden des Tsunami, der an Weihnachten 2004 die Küsten eines Dutzends asiatischer Länder verwüstete, zu einer Vielzahl vergleichbarer Szenen.

Der 1905 in Wien geborene Psychiater Viktor E. Frankl meint, um ein Unglück zu überwinden, sei es äußerst hilfreich, diesem eine positive Seite abzugewinnen: »An mich wendet sich ein alter praktischer Arzt; vor einem Jahr ist ihm seine über alles geliebte Frau gestorben, und über diesen Verlust kann er nicht hinwegkommen. Ich frage den schwerst deprimierten Patienten, ob er sich überlegt habe, was geschehen wäre, wenn er selbst früher als seine Frau gestorben wäre. ›Nicht auszudenken‹, antwortet er, ›meine Frau wäre verzweifelt gewesen.‹ Nun brauche ich ihn nur darauf aufmerksam zu machen: ›Sehen Sie, dies ist Ihrer Frau erspart geblieben, und Sie haben es Ihrer Frau erspart, freilich um den Preis, dass nunmehr Sie ihr nachtrauern müssen.‹« Als weiteres Beispiel berichtet Frankl, der im Zweiten Weltkrieg jahrelang in verschiedenen Konzentrationslagern interniert war, von seiner Erfahrung in Auschwitz. Als sein Transport im Bahnhof ankam, fand eine erste Auswahl unter den Deportierten statt; die einen wurden ins Arbeitslager geschickt, die anderen sofort in den Gaskammern ermordet. »Wie der Ertrinkende nach dem Strohhalm, so fasst mein grundsätzlicher Optimismus, der mich seit damals immer wieder gerade in den schwersten Lagen überkommt, nach diesem Faktum: sie schauen nicht schlecht aus, diese Leute [gemeint sind ein paar Gefangene], sie sind sichtlich gut aufgelegt und sie lachen sogar; wer sagt mir, dass ich nicht auch in die verhältnismäßig günstige und glückliche Lage solcher Häftlinge kommen werde?«

Es gibt prinzipiell antioptimistische Grundhaltungen, die letztlich Angst vor den Folgen einer positiven Sichtweise ausdrücken. Häufig hört man Sätze wie: »Wenn ich mich vom Optimismus hinreißen lasse, erlebe ich sicher eine Enttäuschung«, »Positiv denken ist Selbstbetrug« oder »Optimismus ist gefährlich, macht blind und verstellt den Blick auf die Wirklichkeit«. Wer sich solche Standpunkte zu eigen macht, neigt dazu, die Tatsachen ins Negative zu verzerren, und verschließt sich so der Erkenntnis, dass Optimismus durchaus begründet sein kann. Solche Menschen konzentrieren sich vor allem auf problematische Fragen, positive Aspekte übergehen sie. Werden sie beispielsweise in der Arbeit evaluiert, so hören sie nur die Kritik des Chefs, sein Lob beachten sie nicht oder leugnen es sogar. Der gleiche Mechanismus ist am Werk, wenn jemand eine günstige Situation um jeden Preis kleinredet, indem er etwas Nachteiliges hinzufügt: »Ja, ich bin auf meinem Gebiet schon kompetent, aber was nützt mir das, wenn es meiner Familie egal ist.« Auch negative Interpretationen dessen, was andere denken – Vorstellungen, die unter Umständen eingebildet oder falsch sind –, tragen zu Bitterkeit und Mutlosigkeit bei: »Ich weiß, der hält mich für einen Idioten« oder »Meine Freundin wird mich verlassen, das ist doch klar«. Dabei hat die andere Person überhaupt nicht anklingen lassen, was sie denkt. Eine weitere häufige Verzerrung der Realität besteht darin, alles in drastischen Kategorien wie »gut« oder »schlecht«, »immer« oder »nie«, »alle« oder »keiner« zu sehen, ohne jede Differenzierung. Oder man glaubt, was nicht vollkommen ist, könne nur als Fehlschlag interpretiert werden.

Eine Reihe von negativen Gedanken, die das Selbstwertgefühl untergraben, könnte man als *Diktat des »Ich sollte«* bezeichnen. Sie treten ein, wenn sich jemand zu einem

Verhalten oder Gefühl unbedingt verpflichtet glaubt, das unerreichbar, mit seiner Persönlichkeit inkompatibel oder für Menschen überhaupt unmöglich ist. Die Beispiele dafür sind Legion: »Ich sollte immer gute Laune haben«, »Ich sollte nie die Geduld verlieren«, »Ich sollte 15 oder 20 Busenfreunde haben«, »Ich bin zwar 60 und habe einen doppelten Bypass, aber ich sollte die Treppe in den neunten Stock hochrennen können, ohne außer Atem zu geraten«. Solche irrationalen und unerfüllbaren Erwartungen nähren in aller Regel ein Gefühl von Versagen, Schuldgefühle, Resignation und sogar Selbsthass. Vorsicht: Auch der Optimismus ist vor dem *Diktat des »Ich sollte«* nicht gefeit. Ich habe erlebt, wie sich so mancher schwer depressive Patient gnadenlos mit der Klage geißelte: »Ich sollte doch ein Lächeln auf den Lippen haben, wenn ich morgens aufstehe und meiner Frau Guten Tag sage« oder »Eigentlich sollte ich zu Hause eine Party organisieren, um die Beförderung meines Sohnes zu feiern«.

In einem allgemeineren Kontext gibt es drei pessimistische Grundannahmen, die so alt wie verbreitet sind und meist dazu dienen, eine deprimierende, fatalistische Sicht auf die Welt und ihre Bewohner zu rechtfertigen. Ich habe diese Frage schon in früheren Publikationen behandelt. Dennoch muss ich eingestehen, dass kaum ein Tag vergeht, ohne dass mir ein Mensch begegnet, der nicht wegen dieser entsetzlichen, haltlosen Hirngespinste in tiefer Verzweiflung vor sich hinbrütet.

Die erste davon ist der Glaube, wir Sterblichen seien von Natur aus böse. Dieser Gedanke erklärt, warum sich so viele Leute wundern oder ihren Unglauben zum Ausdruck bringen, wenn sie von selbstlosen, altruistischen Taten hören. Er erklärt auch die Versuche vieler Gesellschaftskritiker, hinter solchen wohlwollenden Verhaltensweisen ein

Eigeninteresse zu vermuten. Paul Watzlawick äußert sich dazu wie folgt: »Um Zweifel an der Selbstlosigkeit und Reinheit unserer Hilfsbereitschaft zu entwickeln, brauchen wir uns nur zu fragen, ob wir dabei nicht doch Hintergedanken haben. Tat ich es als Einzahlung auf mein himmlisches Sparkonto? Um zu imponieren? Bewundert zu werden? Um den anderen zur Dankbarkeit mir gegenüber zu zwingen? Ganz einfach, um meinen eigenen seelischen Katzenjammer zu kurieren? Sie sehen bereits, der Macht des negativen Denkens sind kaum Schranken gesetzt, denn wer sucht, der findet. Dem Reinen ist angeblich alles rein; der Pessimist dagegen entdeckt überall den Pferdefuß [...] Da findet er heraus, dass der brave Feuerwehrmann in Wirklichkeit ein verhinderter Pyromane ist; der heldenhafte Soldat lebt seine tief unbewussten selbstmörderischen Triebe beziehungsweise seine mörderischen Instinkte aus; der Polizist gibt sich mit den Verbrechen anderer Menschen ab, um nicht selbst zum Verbrecher zu werden; der berühmte Detektiv hat eine nur mühsam überdeckte paranoide Grundeinstellung; jeder Chirurg ist ein verkappter Sadist; der Gynäkologe ein Voyeur; der Psychiater will Gott spielen. Voilà – so einfach ist's, die Fäulnis der Welt zu entlarven.«

So verbreitet der Gedanke auch ist, dass der Mensch dem Menschen ein Wolf sei, es finden sich täglich neue wissenschaftliche Belege dafür, dass wir Menschen über unsere Gene eine freundliche Haltung erben und weitergeben. Wer seine nähere Umgebung und die Mitglieder der Gemeinschaft, in der er lebt, in Ruhe beobachtet, wird zweifellos erkennen, dass sich die überwiegende Mehrheit friedliebend, großzügig und solidarisch verhält.

Eine zweite, ebenso abwegige pessimistische Verallgemeinerung besteht darin zu behaupten, die Menschheit habe noch nie unter solch schlechten Bedingungen gelebt wie heute und die Zukunft sehe noch düsterer aus. Wir alle kennen Menschen, die trotz der steten und beeindruckenden Verbesserungen auf den Gebieten der Kindersterblichkeit, der Lebenserwartung, der Bildung, der persönlichen Freiheiten oder der Rechte von Frauen und Kindern stur daran festhalten, das Schicksal unserer Spezies in schwärzesten Farben zu malen. Tatsache ist jedoch, dass sich, wenn wir in die Geschichte zurückschauen, bei allen Schwankungen kaum abstreiten lässt, dass auf der Welt enorme Fortschritte erzielt worden sind. Was die Zukunft der Menschheit betrifft, so wäre anzuführen, dass mit Ausnahme der sprichwörtlichen, von Apollo mit der Gabe der Weissagung ausgestatteten Kassandra, die das Massaker der Griechen an den Trojanern voraussah, sämtliche Unheilsverkünder und sonstigen Visionäre, die ein apokalyptisches Ende vorhergesagt haben, von Jeremiah über den Propheten Johannes, Zoroaster, Nostradamus und Thomas Malthus bis zu H. G. Wells, völlig falsch lagen – um nur eine kleine Gruppe eingefleischter Pessimisten zu nennen, die die Geschichte Lügen gestraft hat.

Die dritte wissenschaftlich völlig haltlose pessimistische Behauptung besagt, die Menschheit sei unweigerlich zum Unglück verurteilt. Dieser Gedanke stützt sich auf die täglichen Unglücksfälle und Katastrophen, von denen die Medien ständig berichten und die unsere Aufmerksamkeit beanspruchen. Im Grunde können wir es kaum vermeiden, uns von Tragödien angezogen, ja, fasziniert zu fühlen. Doch Hunderte internationaler Untersuchungen beweisen, dass die Menschen unter normalen Umständen und allgemein gesprochen durchaus zufrieden sind. Zu diesem Ergebnis kommen auch die Untersuchungen einer Gruppe europäischer und US-amerikanischer Fachleute – darunter Michael Argyle, Ed Diener, Ronald Inglehart, David Lykken, David Myers und Ruut Veenhoven –, die das Glücksempfinden der Menschen systematisch erforscht. Ihre Studien haben ein ums andere Mal bestätigt, dass zwischen 70 und 80 Prozent der Bewohner unseres Planeten nach eigener Auskunft mit ihrem Leben zufrieden sind – unabhängig von Alter, Geschlecht, der ökonomischen Position, dem Aussehen, dem Beruf, dem Intelligenzquotienten oder der ethnischen Zugehörigkeit. Übrigens habe ich mir in den letzten Jahren – vielleicht aufgrund meiner unvergesslichen Begegnung mit Robert im Coler Memorial Hospital – zur Gewohnheit gemacht, meine öffentlichen Vorträge über Gesundheit und Wohlbefinden damit zu beschließen, dass ich dem Publikum einen Vorschlag mache. Zuerst rufe ich meine Zuhörer dazu auf, in sich zu gehen und jeder für sich seine »Lebenszufriedenheit im Großen und Ganzen« zu bewerten. Der Zusatz »im Großen und Ganzen« ist wichtig, weil ich vermeiden möchte, dass sich die Anwesenden von irgendeiner Unpässlichkeit oder Sorge beeinflussen lassen, die sie vielleicht momentan quält. Anschließend bitte ich sie, sich eine Skala zwischen 0 (sehr unzufrieden) und 10 (sehr zufrieden) vorzustellen. Nun fordere ich alle, die sich bei 5 oder höher einordnen, dazu auf, die Hand zu heben. Das ist ausnahmslos die überwältigende Mehrheit der Anwesenden. Nicht weniger überwältigend ist die Überraschung, die sich dann im Raum zeigt. Wie mir natürlich bewusst ist, kann man nicht ausschließen, dass einige ein Maß an Zufriedenheit zum Ausdruck bringen, das sie in Wirklichkeit nicht empfinden. Dennoch ist der nächstliegende Schluss jener, dass sich jemand dann als zufrieden bezeichnet, wenn er es auch ist. Ich habe jedenfalls keinen glücklichen Menschen kennengelernt, der sich nicht auch so eingeschätzt hätte.

Die verführerische Kraft der drei genannten trügerischen pessimistischen Verallgemeinerungen gründet darauf, dass sie vielen Menschen eine Rechtfertigung bieten, um auf ihrer fatalistischen Meinung zu beharren und sich an eine resignative Weltsicht zu klammern. Ich behaupte jedoch, dass nicht diejenigen die nutzbringendste und vernünftigste Sicht auf die Welt haben, die über die Menschheit klagen, ohne ihre positiven Eigenschaften mitzubedenken, sondern diejenigen, die sie feiern, nachdem sie auch negative Aspekte erwogen haben.

Dank der großartigen Gabe des Menschen, rational zu denken, zu lernen und sich zu verändern, können die, die es sich vornehmen und Zeit und Mühe zu investieren bereit sind, ihre natürliche Neigung zum Optimismus weiter ausbauen. Wohlgemerkt ohne dabei die Fähigkeit einzubüßen, zwischen Phantasie und Wirklichkeit zu unterscheiden. Einen realistischen Optimismus zu leben heißt einerseits, positive Gemütszustände regelmäßig mittels Strategien zu fördern, die unsere Zufriedenheit in verschiedenen Lebensbereichen steigern. Andererseits bedeutet es auch, unsere Denkweise so zu formen, dass lebensbejahende Wahrnehmungen, Erklärungsmuster und Sichtweisen potenziert werden. Das fängt schon damit an, dass man die eigene Anstrengung, die damit verbunden ist, gebührend würdigt.

Die enge Beziehung zwischen unseren Emotionen und unseren Gedanken ermöglicht es, eine optimistische Lebenseinstellung zu fördern, indem man gleichzeitig an der Gemütslage und an der Denkweise arbeitet. So wirken die positiven Gefühle, die sich in unserem Erklärungsstil ausdrücken, als positive Gedanken auf unsere Emotionen zurück.

Das folgende Kapitel ist dem angewandten Optimismus gewidmet. Ich gehe darin auf die Rolle ein, die eine optimistische Grundhaltung in den wichtigsten Lebensbereichen spielt – in zwischenmenschlichen Beziehungen, auf dem Gebiet der Gesundheit, im Beruf –, und spreche auch von ihrer Auswirkung auf die Einstellung und das Verhalten der Beteiligten. Des Weiteren skizziere ich den Einfluss von Optimismus auf einige berufliche Felder und analysiere schließlich seinen Nutzen in schwierigen Lebenslagen.

Das Glück finden

*»Bis zu einem gewissen Grad ist Optimismus ferner eine
sich selbst erfüllende Prophezeihung. Wer mehr als doppelt
so lange wie die anderen nach einer Rettungsinsel sucht,
würde sie, wenn es sie wirklich gäbe, auch viel schneller
finden. Zudem reagieren andere Menschen positiv auf
Optimisten, die darum in Berufsleben, Partnerschaft und
Freizeit im Vorteil sind. Optimismus schafft nicht nur
Durchhaltevermögen, sondern auch Popularität und damit
häufig Erfolg.«*
Susan C. Vaughan, *Halb leer? Halb voll!*, 2000

Beziehungen

»Ob jung oder alt, Mann oder Frau, reich oder arm,
aus Ost oder West – fragt man die Leute, was sie am
glücklichsten macht, so antworten vier von fünf Personen:
die Beziehungen zu denen, die sie lieben.«
David Myers, *The Pursuit of Happiness*, 1992

Es gibt im Leben eine unendlich breite Palette von Möglichkeiten, das Glück zu finden. Hunderte von Untersuchungen auf der ganzen Welt beweisen jedoch, dass Menschen, die in einer Paarbeziehung oder als Familie leben oder auf einen engen Freundeskreis zählen können, sich als zufriedener einstufen als diejenigen, die alleine leben, ob Junggesellen, Witwer, Getrennte oder Geschiedene. Wie der Psychologe Erich Fromm schon vor einem halben Jahrhundert in seinem Werk *Die Kunst des Liebens* schrieb: »Eine voll befriedigende Antwort für das Problem der Existenz findet man nur in der zwischenmenschlichen Einheit, in der Vereinigung mit einem anderen Menschen, in der *Liebe*. Dieser Wunsch nach einer zwischenmenschlichen Vereinigung ist das stärkste Streben im Menschen. Es ist seine fundamentalste Leidenschaft, es ist die Kraft, welche die menschliche Rasse, die Sippe, die Familie, die Gesellschaft zusammenhält.«

Die Familie ist die primäre und robusteste menschliche Institution. Sie verändert sich, aber sie verschwindet nie. Heute ist die Kernfamilie immer häufiger als kleine, autonome und flexible Einheit anzutreffen, die sich einzig aus dem Elternpaar und ein oder zwei Kindern zusammensetzt. Zu den neuen Lebensformen, die sich immer weiter ausbreiten, gehören auch kinderlose Ehen, unverheiratet zusammenlebende Paare, Zweitehen, in denen Kinder aus unterschiedlichen Verbindungen gemeinsam aufwachsen, Haushalte von Alleinerziehenden mit Kind sowie gleichgeschlechtliche Partnerschaften. Die Gesellschaft geht immer mehr dazu über, die Legitimität dieser verschiedenen Beziehungsformen anzuerkennen, die auf einer freien Wahl, Liebe und rechtlicher Verbindlichkeit zwischen den Beteiligten gründen. Unabhängig von der Art ihrer Zusammensetzung ist die Familie auch ein überaus kontrastreicher sozialer Ort. Auf der einen Seite stellt sie einen Hort der Sicherheit, der Großzügigkeit und des Verständnisses dar; auf der anderen Seite ist sie die Bühne, auf der die bittersten Konflikte zwischen Personen ausgetragen werden.

Stabile, von Zuneigung geprägte Beziehungen sind nicht nur eine Quelle von Lebenszufriedenheit, sie stellen zudem ein sehr wirksames Gegenmittel gegen die schädlichen Auswirkungen aller möglichen Notsituationen dar. Wer sich fest in eine solidarische Gruppe integriert sieht, der überwindet Hindernisse, die sich ihm in den Weg stellen, viel besser als jemand, der sich isoliert fühlt und auf kein soziales Netz zählen kann, das ihn oder sie emotional stützt. Vielleicht liegt darin der Grund dafür, dass die Menschen aller Kulturen seit jeher unablässig nach Möglichkeiten suchen, zu lieben und geliebt zu werden.

Zwar werden wir alle mit der Fähigkeit zu lieben geboren. Die konkreten Eigenschaften, die uns an anderen anziehen, und unsere Einstellung zu Liebe und Intimität lernen und prägen wir jedoch in Abhängigkeit von unserer Persönlichkeit und den Erfahrungen mit anderen aus, die wir in den ersten Lebensjahren machen. Wenn wir älter werden, schaffen wir uns unsere eigene »Landkarte der

Liebe«, eine Art Idealvorstellung mit den Merkmalen der Person, die uns einmal für sich gewinnen wird – sei es bei einer plötzlichen »Liebe auf den ersten Blick« oder nachdem man sich besser kennengelernt und abgetastet hat. Die Landkarte der Liebe umfasst auch körperliche und psychische Attribute prägender Menschen, die in der Kindheit einen bleibenden Eindruck hinterlassen haben und in unserem autobiografischen Gedächtnis gespeichert sind. Diese spezifische Vorstellung bringt uns dazu, uns unbewusst von einer bestimmten Person angezogen zu fühlen, von einer anderen wiederum nicht. Dass es hier Geschmacksunterschiede gibt, reduziert die Rivalitäten im Streit um die Gunst bestimmter Partner, dient aber auch der Erhaltung der biologischen Vielfalt und damit dem Fortbestand der Spezies.

Wie die Landkarte der Liebe wird auch die Bedeutung, die wir intimen Beziehungen zuschreiben, in jungen Jahren ausgebildet und steht im Zeichen der Erfahrungen, die wir mit unseren Eltern und anderen wichtigen Bezugspersonen aus unserer Umgebung gesammelt haben. Diese individuelle Bedeutung schlägt sich dann in unseren Erwartungen und Verhaltensweisen nieder, die wir bei einer Annäherung, einer Distanzierung oder beim Verlust eines Partners an den Tag legen.

Im Allgemeinen werden Beziehungen durch optimistische Sichtweisen stabilisiert, während pessimistische Haltungen Konflikte fördern. Wie die Forscher Michael B. Sperling und William H. Berman von der Cornell University bemerken, erklären sich Optimisten in der Regel mit Aussagen einverstanden wie: »Normalerweise fällt es mir leicht, auf andere zuzugehen, und es macht mir nicht aus, auf sie angewiesen zu sein« oder »Es macht mir nichts aus, wenn andere auf mich zukommen oder auf mich angewiesen sind«. Je pessimistischer jemand ist, desto mehr versucht er hingegen, engen Bindungen aus dem Weg zu gehen. Das trifft auch auf die Menschen zu, denen ein Bedürfnis nach Unabhängigkeit und Autonomie als Vorwand dient, um Abhängigkeiten um jeden Preis zu vermeiden. Mancher meidet enge Beziehungen, weil es ihm schwerfällt, anderen Menschen zu vertrauen, weil er Angst hat, zurückgewiesen zu werden, oder weil er sich in der Intimität eingeengt fühlt. Er hält Distanz aus »Angst vor Enttäuschungen« oder weil er einfach »keinen Stress« will. Andere wiederum klagen, es seien ihre Mitmenschen, die ihnen keine Nähe gestatteten; doch in Wahrheit wirken sie selbst abschreckend, durch einen überzogenen Wunsch nach Kontrolle oder durch ihren unwiderstehlichen, aber voreiligen Drang, von Anfang an auf der sicheren Seite zu sein.

Liebesbeziehungen unterliegen einem ständigen Wandel. Sie verändern sich mit der Zeit, je nachdem, wie sich die Persönlichkeit der Beteiligten wandelt und was sie in ihrem Leben erfahren haben. Ändert ein Mitglied einer Gruppe sein Verhalten grundlegend, so erfordert das häufig einen Anpassungsprozess aller, selbst wenn es sich dabei um eine positive Entwicklung handelt. Oft habe ich in meiner Arbeit beobachten können, wie es in den persönlichen Beziehungen eines Menschen, der an Depressionen leidet, zu einem gravierenden Ungleichgewicht kommt, sobald er sich in eine fröhliche und lebensbejahende Person verwandelt. Wenn seine Umgebung die neue Situation nicht annimmt und sich ihr nicht anzupassen weiß, stellt das für das Verhältnis der Beteiligten eine ernste Belastungsprobe dar.

In Paarbeziehungen ist die erste Phase zumeist romantisch geprägt. Fast jeder wird im Lauf seines Lebens wenigstens einmal von einer solchen Leidenschaft erfasst. In jüngster Zeit wurden Substanzen wie das Dopamin entdeckt, die gewisse Bereiche des Gehirns stimulieren und Teil der Chemie der Liebe sind, also auch der leidenschaftlichen Entrücktheit von Verliebten. In ihrer wechselseitigen Faszination, auf Wolke sieben, wo sie einander exklusiv und bedingungslos besitzen, verlieren solche Paare die Welt völlig aus den Augen. Unter diesen Umständen nehmen die Verliebten die Bedürfnisse oder Gewohnheiten der »besseren Hälfte«, so unangebracht oder nervtötend sie einem objektiven Beobachter auch erscheinen mögen, nicht nur fraglos hin, sie behaupten auch, alles laufe in vollkommener Harmonie ab.

Hat der Sturm der Leidenschaft erst einmal nachgelassen, so wandelt sich die Anfangsromantik bei glücklichen Paaren in ein ausgeglicheneres und sichereres Gefühl. Im Laufe der Zeit wird die Verbindung durch innige Zuneigung, Loyalität, gemeinsame Interessen und Freundschaft gefestigt. Damit möchte ich nicht behaupten, dass die sinnliche Anziehungskraft bedeutungslos sei; ich weise nur darauf hin, dass die Intensität der Leidenschaft nachlässt. Dennoch ist der regelmäßige körperliche Ausdruck der Liebe in Paarbeziehungen geradezu ein Garant für deren Dauer.

Es ist unmöglich, einem frisch verliebten Paar die Zukunft vorherzusagen. Jede Liebesgeschichte ist einzigartig, auch wenn sich die Grunderwartungen von Liebenden in unserer Zeit sehr ähneln. Fast alle beanspruchen ein Recht auf Selbstverwirklichung und auf eine gewisse Qualität des Zusammenlebens. Des Weiteren fordern sie, dass der gemeinsame Alltag von Freude, Träumen, Ehrlichkeit, Respekt, Gegenseitigkeit und Gleichheit geprägt sein soll. Diese letzte Zielvorgabe geht ganz selbstverständlich davon aus, dass die Frau gesellschaftlich oder beruflich aktiv ist und der Mann sich an den Arbeiten im Haushalt und gegebenenfalls an der Kindererziehung beteiligt.

Liebesbeziehungen bedürfen ständiger »Wartung«. Es ist wichtig, dass sie regelmäßig abgestimmt und erneuert werden, damit sie den langfristigen Erfordernissen des Zusammenlebens gerecht werden und die Notwendigkeiten, Spannungen und Widerstände lösen können, die unterwegs auftreten. Besagte Anpassungsvorgänge ermöglichen es, auf erwartete wie auf unerwartete, auf positive wie auf negative Ereignisse rechtzeitig und in konstruktiver Form zu reagieren: die Geburt eines Kindes, beruflichen Erfolg, ökonomische Engpässe, Krankheiten, die Bockigkeit pubertierender Sprösslinge oder die häusliche Pflege der alt gewordenen Eltern. Daher vertragen sich Apathie und Pessimismus nicht gut mit einer funktionierenden Beziehung. Denn diese erfordert Enthusiasmus, um sich gegenseitig zuzuhören und zu verstehen, Flexibilität, um anzunehmen, dass jeder einzigartig und individuell ist, und die Fähigkeit, gegenläufige Bedürfnisse wie Intimität und Tatendrang, Abhängigkeit und Freiheit in Einklang zu bringen.

Partnerschaftliche, familiäre oder freundschaftliche Beziehungen, in denen gemeinsame Erfahrungen in optimistischer Weise interpretiert werden, sind in der Regel eher stabil und dauerhaft als Verbindungen, in denen eine pessimistische Haltung überwiegt. Ein Beispiel: Nuria kommt sehr spät von der Arbeit nach Hause. Ihr Mann Felipe hat sich zwar große Sorgen gemacht, nimmt aber die Erklärung seiner Frau – »Der Verkehr war heute unmöglich« – ohne zu zögern an; eine Begründung also, bei der niemand in die Rolle des Schuldigen gedrängt wird und in der sich die Verspätung durch zufällige Umstände erklärt. So hat die kleine Störung minimale und nur vorübergehende Auswirkungen auf die Beziehung. Hätte Felipe sich dagegen eine eigene Erklärung zurechtgelegt: »Nuria, du bist so eine Egoistin, für dich zählt doch nur deine Arbeit« – eine Sichtweise, die ein persönliches und anhaltendes Motiv unterstellt –, so wäre aus dem unglücklichen Zwischenfall wahrscheinlich ein erbitterter Streit geworden.

Hat sich bei einem Paar die Meinung durchgesetzt, einer kritisiere den anderen in böser Absicht und das werde sich auch nicht ändern, weil es in seinen eigenen emotionalen Bedürfnissen – ob Egoismus oder Machtstreben – oder in seiner Persönlichkeit begründet ist, dann hat die Beziehung wenig Aussicht zu halten. Natürlich bedeutet das nicht, dass es besser wäre, die wirklichen Gründe von Unstimmigkeiten oder ernsten Auseinandersetzungen zu leugnen oder als unwichtig abzutun. Im Gegenteil, häufig muss man in solchen Fällen Probleme erst einmal in ihrer wahren Dimension anerkennen und in Ruhe analysieren, um sie dann verstehen, angehen und lösen zu können.

Optimismus verhindert keineswegs, dass man reale Schwierigkeiten oder negative Aspekte einer unglücklichen Situation als solche hinnimmt. Er verträgt sich jedoch nicht mit Passivität und der strikten Ablehnung jeder Strategie, die helfen könnte, die Probleme zu lösen oder die Lage zu verbessern.

Frank D. Fincham, Professor für Psychologie an der University of Wales, hat über mehrere Jahre hinweg Hunderte von Paaren begleitet, um herauszufinden, ob eine Neigung zu Optimismus glückliche Beziehungen fördert oder ob es andersherum glückliche Paare sind, die eher zum Optimismus neigen als andere. Finchams Fazit lautet, dass die Erklärungsmuster, die die Beteiligten in die Beziehung einbringen, das Schicksal der Beziehung bereits vorwegnehmen: Je optimistischer der Erklärungsstil der beiden Menschen ist, die ein Paar bilden, desto bessere Aussichten hat ihre Verbindung.

Eine weitere sehr nützliche Eigenschaft zur Lösung alltäglicher Konflikte in Beziehungen liegt in der Fähigkeit zu verzeihen. Wie ich bereits bei der Beschreibung der Charakterzüge anmerkte, ist es zwar überaus menschlich, Verrat und Gemeinheiten nur sehr widerstrebend zu vergeben, doch Optimisten tun sich damit in aller Regel leichter als Pessimisten. Das Problem derer, die Provokationen, Zurückweisungen oder Fehler im Alltag nicht verzeihen können, liegt darin, dass sie sich häufig in die kleinen Verstöße geradezu verbeißen, die sich der Partner, die Familienangehörigen oder Freunde zuschulden kommen lassen. Mit der Zeit wird ihre Verbitterung immer größer, sie fühlen sich isoliert und haben nichts als offene Rechnungen im Sinn; das macht es ihnen unmöglich, sich mit den anderen auszusöhnen und ihren inneren Frieden zurückzugewinnen.

Auch Zuversicht ist ein grundlegender Bestandteil von Optimismus und spielt in zwischenmenschlichen Beziehungen eine wesentliche Rolle. Oft fühlen sich Menschen zueinander hingezogen, weil sie gemeinsame Interessen, Aktivitäten oder Wünsche haben. Wenn sie sich dann nähergekommen sind und das Gefühl haben, immer mehr im Einklang miteinander zu sein, versuchen sie, ihre Prioritäten und Ziele abzustimmen und gemeinsam zu verfolgen. Für die Paare, die gemeinsam von der Zukunft träumen, ist Hoffnung der wichtigste Antrieb für die Beziehung, das, was sie motiviert, die Hindernisse zu überwinden, die sie auf ihrem Weg vorfinden.

Neben den allgemeinen Wünschen, die Paare langfristig hegen, gibt es auch noch eine konkretere Art von Hoffnung. Sie gründet sich auf die Willenskraft, mit der beide versuchen, bestimmte Ziele zu erreichen, von der Lösung irgendeines gerade auftauchenden Problems bis hin zum Kauf einer Wohnung oder der Erfüllung des Kinderwunschs. Paare, die ihr Leben gemeinsam gestalten wollen und sich in der Lage fühlen, widrigen Umständen entgegenzutreten und entschlossen zu begegnen, stehen Schwierigkeiten auch beharrlich durch. Es liegt auf der Hand, dass in der Praxis die Wahrscheinlichkeit, eine Lösung für ein gegebenes Problem zu finden, umso größer ist, je ausdauernder man danach sucht – vorausgesetzt, es gibt sie.

Die nützlichste Art von Zuversicht in Liebesbeziehungen ist jene, die den Schmerz wirklicher Schwierigkeiten nicht verbirgt oder betäubt, die Demut, die man braucht, um sich Fehler einzugestehen, nicht gering schätzt, und auch Offenheit für Veränderungen nicht als überflüssig betrachtet. Es ist eine Hoffnung, die uns, wenn nötig, auch der Möglichkeit ins Auge sehen lässt, dass die Beziehung an einer unheilbaren Krankheit leidet.

Die überwältigende Mehrheit der Menschen ist voller Liebe, Vertrauen und Träume, wenn sie eine Verbindung eingehen. Doch mit der Zeit werden nicht wenige Partnerbeziehungen leidenschaftsloser, um nicht zu sagen blutleer. Ihre Lebendigkeit schwindet, und an deren Stelle treten Gleichgültigkeit, Langeweile, Feindseligkeit und Schmerz. In den Industrieländern enden zwischen 30 und 50 Prozent der Ehen durch Trennung, Scheidung oder Annullierung.

Zwar halten die meisten Menschen eine Liebesbeziehung für den entscheidenden Schritt in Richtung Glück. Doch gerade diese Überzeugung ist auch der Grund dafür, dass viele Paare es nicht ertragen, wenn sich eine marode Beziehung in einen ständigen Quell des Unglücks verwandelt hat. Dennoch treffen die wenigsten die Entscheidung, sich zu trennen, überstürzt und aus einer plötzlichen Verzweiflung heraus. Vielmehr ergibt sie sich aus chronischem Hader, der aus ständigen Auseinandersetzungen, Machtkämpfen, Demütigungen und herzlosen, giftigen Anschuldigungen zwischen den Ehepartnern entsteht.

Eine Beziehung zu beenden, die von Liebe getragen war, bevor diese verloren ging, ist immer ein schmerzhafter, bedrückender Prozess. Jede Trennung stellt in vielerlei Hinsicht eine menschliche Tragödie dar, doch ein Großteil des Leids, das dabei entsteht, zeugt von gesunder Überlebenskraft und vom Kampf gegen Apathie und Fatalismus. Wenn man mitverfolgt, wie manche zutiefst unglückliche Paare sich mit ihrem Leid abfinden, erkennt man bei den Beteiligten fast immer eine negative, kleinmütige Weltsicht. Wer nicht wahrhaben will, dass eine Verbindung inhaltslos geworden, ausgedörrt und von Heuchelei und Lieblosigkeit geprägt ist, oder resigniert darin verharrt, der bezahlt für diesen Defätismus am Ende mit seinem wertvollsten Kapital: dem Glück.

Die traumatischen Auswirkungen einer Trennung treffen Optimisten weniger hart als Pessimisten. Man kann davon ausgehen, dass getrennt lebende oder geschiedene Menschen besser über Ängste und Zweifel hinwegkommen, wenn sie die schönen Erinnerungen an frühere Beziehungen nicht vergessen, ihren Blick auf die positiven Aspekte ihrer gegenwärtigen Lage lenken und bereit sind, zuversichtlich auf eine bessere Zukunft zu setzen. Zugleich stärkt Optimismus das Immunsystem der Betroffenen gerade in einem schwierigen Moment, wo die Wahrscheinlichkeit größer ist, physische und psychische Erkrankungen wie Bluthochdruck, Verdauungsstörungen, Angstzustände und Depressionen zu erleiden.

Jedes Paar sucht bei einer Trennung nach Erklärungen, die den Bruch verstehen helfen. Ob die Beteiligten damit zurechtkommen oder nicht, hängt stark von ihrer Interpretation des Geschehenen ab. Manche geben sich selbst die Schuld, andere dem Partner oder unausweichlichen äußeren Umständen. Doch jeder legt sich nach und nach seine eigene Version zurecht. Ob die Geschichte den Ereignissen entspricht oder aus bloßen Rationalisierungen und Ausreden besteht, die Verarbeitung des Geschehenen ist unabdingbar, um die Gefühle des Scheiterns überwinden zu können, die normalerweise mit einer Trennung einhergehen. Wer sich mit Vorliebe Erklärungen sucht, die seinen eigenen Anteil minimieren, die Auswirkungen auf sein Leben als begrenzt einstufen und in ihm die Hoffnung auf eine bessere Zukunft fördern, der verspürt eher wieder den Wunsch, neu anzufangen und anderen Beziehungen eine Chance zu geben. Wer sich hingegen am Zusammenbruch seiner Ehe selbst die Schuld gibt und glaubt, die Folgen der Trennung seien dauerhaft und verheerend für alle Lebensbereiche, hat entsprechend größere Schwierigkeiten, einen Neuanfang zu wagen.

Stellen wir uns zum Beispiel einen Mann vor, dessen Verlobte ihn nach Jahren verlassen hat. Wenn er die Trennung nun der Angst seiner Freundin vor der Ehe zuschreibt und zu dem Schluss gelangt, erstens sei er knapp einer unglücklichen Verbindung mit einer wankelmütigen Frau entkommen, und zweitens habe sich ihm dadurch die Möglichkeit eröffnet, eine glücklichere Beziehung zu finden, so wird er wohl bei einer zuversichtlichen Haltung bleiben. Wenn er dagegen denkt, er sei selbst an der Trennung schuld, und darin einen Beweis dafür zu finden glaubt, dass er nichts wert ist und dass sich sein Wunsch, zu heiraten und eine Familie zu gründen, niemals erfüllen wird, so wird ihn das in tiefe Verzweiflung stürzen.

Zweifellos wird es Optimisten auch durch die Fähigkeit zu verzeihen leichter, die Folgen von Trennungen zu überwinden. Der Hass, der an vielen Menschen nagt, macht sie ihr Leben lang zu Gefangenen einer qualvollen Vergangenheit, kettet sie an die schwere Last der Opferrolle und macht es ihnen unmöglich, das Geschehene hinter sich zu lassen und ein neues Kapitel in ihrem Leben aufzuschlagen. Es ist eine verbreitete Meinung, verzeihen setze einen direkten und ehrlichen Austausch zwischen dem Leidtragenden, der zu vergeben bereit ist, und dem reumütigen Täter voraus. Aber für viele tief gekränkte – getrennt lebende oder geschiedene – Paare ist diese direkte Begegnung nicht möglich. In solchen Fällen muss jeder für sich und im Stillen dazu kommen, dem anderen zu vergeben. Verzeihen heißt nicht, Leid, das einem zugefügt wurde, zu leugnen, zu rechtfertigen oder zu vergessen; vielmehr bedeutet es, es aus einer weniger persönlichen Sicht erklären zu lernen. Am Ende lernt man dabei hinzunehmen, dass Fehlschläge, Unvereinbarkeiten und Bosheiten ein unabänderlicher Teil des Lebens sind.

Gesundheit

»Der Wunsch zu gesunden ist der halbe Weg zur Heilung.«
Seneca, *Hippolytus (Phaedra)*, 50 v. Chr.

Um zu verstehen, welche Bedeutung die Lebenseinstellung eines Menschen für seine Gesundheit hat, ist es wichtig, den engen Zusammenhang zu erfassen, der zwischen Körper und Geist besteht. Unglücklicherweise postulierte der einflussreiche französische Philosoph René Descartes, der gewisse erkenntnistheoretische Prinzipien formulierte – Beobachtung, Analyse und Synthese – und den berühmten Satz: »Ich denke, also bin ich« prägte, eine eindeutige Dichotomie oder Trennung zwischen dem ungreifbaren, abstrakten Geist und dem Leib aus Fleisch und Blut. In der sechsten seiner *Meditationen* (1641) sagt Descartes, Körper und Geist seien von Gott als zwei unterschiedliche und unabhängige Wesenheiten geschaffen worden. Diese eigenwillige Vorstellung warf das Verständnis der Körper-Geist-Beziehung um mehr als zwei Jahrhunderte zurück.

Heute wissen wir, dass der Geist über das Nervensystem und das endokrine System in stetem Austausch mit dem Körper steht. Einer der ersten Belege für diese Verbindung ergab sich aus der Feststellung, dass Kontraktionen der Gesichtsmuskulatur sich auf den Gemütszustand auswirken. Obwohl der Gedanke, das Gesicht sei der Spiegel der Seele, sehr alt ist, hätte bis dahin niemand geglaubt, dass der Gesichtsausdruck, der bestimmten Emotionen zugeordnet wird, beispielsweise Lachen oder Weinen, selbst wenn er künstlich hervorgerufen wurde, das Gefühl aufkommen lässt, für das er steht. Diese unter Schauspielern wohlbekannte wechselseitige Verbindung zwischen den Emotionen und ihrem körperlichen Ausdruck erahnten schon der Naturforscher Charles Darwin und der Psychologe William James. Letzterer stellte fest, dass das Pfeifen einer fröhlichen Melodie dazu geeignet ist, dem Betreffenden die Angst zu nehmen und Selbstsicherheit zu verleihen. Auch der spanische Mediziner Gregorio Marañón wies bereits vor einem halben Jahrhundert nach, dass es möglich ist, ein bestimmtes Gefühl in sich wachzurufen, indem man die dafür kennzeichnenden Gesten ausführt.

Unser Gehirn empfängt eine Unzahl von Reizen, sowohl

durch die Botschaften, die unser Körper sendet, als auch durch äußere Einflüsse, die sich auf das Gleichgewicht der Neurotransmitter auswirken. Diese Botenstoffe vermitteln zwischen den Neuronen, die dafür zuständig sind, unseren Gemütszustand zu regulieren, und den Neuronen des vegetativen Nervensystems, das ohne bewusste Steuerung den Herzrhythmus, den Puls, die Hormonsekretion, den Verdauungsapparat sowie das Immunsystem und andere Vitalfunktionen kontrolliert.

Es gibt in der Medizin eine Reihe körperlicher Störungen, die sich nur aus psychologischer Sicht erklären lassen. Zu den Symptomen dieser sogenannten psychosomatischen Krankheitsbilder zählen allgemeine Schmerzen, Störungen des Magen-Darm-Apparats sowie neurologische Probleme und sexuelle Funktionsstörungen. Die überwiegende Mehrheit von Stresssituationen im Alltag treffen uns, bleiben aber ohne Langzeitwirkung. Doch bestimmte Ereignisse wie der Tod eines geliebten Menschen oder das Ende einer wichtigen Beziehung machen uns verwundbar für Infektionen, Verdauungsstörungen und Herzkrankheiten. Ein Artikel des Medizinprofessors Redford Williams von der Duke University zu den psychischen Faktoren, die das Immunsystem schwächen und kardiovaskuläre Erkrankungen fördern, konstatiert, dass Feindseligkeit, Depressionen, Angst und Stress über einen längeren Zeitraum bei Menschen zu Bluthochdruck und zu einem Verschließen der Koronararterien führen können. Der Grund liegt darin, dass diese Emotionen die Funktionsweise von Hirnzentren beeinträchtigen, die das Hormonsystem und die wichtigsten Organe im Körper steuern.

Auf der anderen Seite zeigen zahlreiche Untersuchungen, dass Situationen, die der inneren Ruhe zugutekommen – beispielsweise durch die Erleichterung, die es mit sich bringt, wenn man über Probleme und Sorgen mit anderen spricht –, die Abwehrkräfte stärken. So ist bei Patienten, die an chronischen Erkrankungen und bestimmten bösartigen Tumoren leiden, ein Zusammenhang zwischen der wöchentlichen Teilnahme an Therapiesitzungen zur psychologischen Unterstützung und einer Erhöhung der Hoffnung und Lebensqualität festzustellen. Menschen, die an Psoriase leiden, erholen sich rascher von dieser Hautkrankheit, wenn sie an Entspannungs- oder Meditationssitzungen teilnehmen. Schon über traumatische Erlebnisse zu schreiben ruft bei Asthmatikern und Arthrosekranken eine substanzielle, langfristig wirksame Verbesserung der Symptome hervor.

Wenn wir von Gesundheit sprechen, meinen wir damit das subjektive Empfinden, dass der Körper alle seine Funktionen normal erledigt. Die Weltgesundheitsorganisation geht noch weiter und definiert Gesundheit als »Zustand des vollständigen körperlichen, geistigen und sozialen Wohlbefindens«. Um objektiv festzustellen, ob alle Abläufe im Körper reibungslos vonstatten gehen, bedarf es einer ärztlichen Diagnose. Doch meistens denken wir nicht an unsere Gesundheit, und sie wird uns nur dann bewusst, wenn es uns schlecht geht. Daher sucht die Mehrheit der Menschen erst dann einen Arzt auf, wenn irgendwelche Beschwerden vorliegen.

Drei Dutzend Studien zum subjektiven Gesundheitsempfinden, die die Wissenschaftler Idler, Kaplan, Mossey und Veenhoven in Kanada, Europa und den USA durchgeführt haben, zeigen, dass sich die Lebenserwartung besser durch die Antwort auf die einfache Frage »Wie würden Sie Ihren Gesundheitszustand im Allgemeinen beschreiben: ausgezeichnet, sehr gut, gut, weniger gut oder schlecht?« prognostizieren lässt als durch eine eingehende ärztliche

Untersuchung. Das gilt insbesondere für über Sechzig-jährige. So lebten nach Erhebungen, die in den Niederlanden und in den USA durchgeführt wurden, diejenigen, die ihren Zustand als »ausgezeichnet« eingestuft hatten, im Schnitt 20 Monate länger als die, die ihn als »schlecht« eingeordnet hatten. Die Ergebnisse waren unabhängig von Alter, Geschlecht und dem objektiven Gesundheitszu-stand, gemessen an den Krankheiten, an denen die Befrag-ten litten, und an den von ihnen eingenommenen Medika-menten. Eine mögliche Erklärung könnte lauten, dass die Menschen ihren allgemeinen Gesundheitszustand korrek-ter einzuschätzen wussten als die Ärzte und ihre Diagnose-untersuchungen. Eine andere Erklärung wäre, dass die Befragten einen Lebenswandel annahmen, der zu ihrer Selbsteinschätzung passte und dazu beitrug, dass sich ihre Vorhersage bewahrheitete. Jedenfalls kann die posi-tive oder negative Bewertung des eigenen Gesundheitszu-stands dazu dienen, die Lebensjahre zu schätzen, die man zu einem gegebenen Zeitpunkt noch vor sich hat.

Die optimistische oder pessimistische Haltung eines Menschen hat überhaupt einigen Einfluss auf seine Lang-lebigkeit. Der Experimentalpsychologe Christopher Peter-son hat den Zusammenhang zwischen beiden Faktoren bei über 1000 Personen über einen Zeitraum von fast 50 Jah-ren untersucht. Aus seiner 1998 veröffentlichten Studie geht hervor, dass Pessimisten häufiger als Optimisten eines frühzeitigen Todes sterben, Unfälle und Gewaltverbrechen eingerechnet. Lyn Abramson, Professorin für Psychologie an der University of Wisconsin, hat in einer Reihe von Untersuchungen, die sie zwischen 1998 und 2000 veröf-fentlichte, nachgewiesen, dass Pessimisten doppelt so häu-fig Selbstmord begehen wie Optimisten.

Später wurden von Toshihiko Maruta geleitete Untersuchungen an der renommierten Mayo-Klinik (Minnesota) publiziert, für die über einen Persönlichkeitstest das Pessimismusniveau von 839 Freiwilligen gemessen worden war; nach 30 Jahren hatte man dann überprüft, wer von den Teilnehmern noch am Leben war. Die Ergebnisse belegten eindeutig, dass diejenigen, die drei Jahrzehnte zuvor als die pessimistischsten unter den Teilnehmern abgeschnitten hatten, mit höherer Wahrscheinlichkeit verstorben waren. Um dieses Resultat zu erklären, greifen die meisten Forscher zu derselben Hypothese: Fatalistische Menschen seien unvorsichtiger und hätten häufiger Unfälle als Optimisten. Denn Fatalisten neigen zu der Überzeugung, ihr Verhalten »spiele keine Rolle«, oder glauben, Langlebigkeit lasse sich nicht planen. Daher halten sie sich nicht an den Behandlungsplan des Arztes, pochen auf ihr Recht, sich selbst auszusuchen, womit sie sich vergiften möchten, und sterben folglich an vermeidbaren Krankheiten wie kardiovaskulären Leiden, Zirrhose, Emphysemen, Lungenkrebs oder Aids. Es ist auch bekannt, dass Optimisten seltener an Depressionen erkranken als Pessimisten, und zwischen Depression und frühzeitigem Tod gibt es einen Zusammenhang. Der Psychologe Charles Carver von der University of Miami hat 1987 nachgewiesen, dass die Wahrscheinlichkeit, dass junge Mütter nach der Niederkunft in eine postnatale Depression fielen, desto geringer war, je höher ihr Optimismus im siebten bis neunten Monat ihrer Schwangerschaft gewesen war.

Jeden Tag gibt es neue Belege dafür, dass positive Emotionen direkt und indirekt einen heilsamen Einfluss auf die Gesundheit haben. Eine zuversichtliche Haltung regt die natürlichen Selbstheilungskräfte des Körpers an und schafft psychische Anreize, ein gesundes Leben zu führen. Optimistisches Denken wirkt bei chronisch Kranken lebensverlängernd, sogar bei Menschen, die an Multipler Sklerose oder Aids, an Nierenschäden, Bluthochdruck oder schweren Herpeserkrankungen leiden oder einen Herzinfarkt hinter sich haben. Wie der Psychologe Glenn Affleck von der University of Connecticut gezeigt hat, ist die optimistische oder pessimistische Haltung von Asthmatikern und Arthritiskranken der zuverlässigste Indikator für ihre Lebensqualität im Alltag.

Eine weitere interessante und nicht weniger bedeutsame Tatsache ist, dass Sterbenskranke, wenn sie gespannt auf einen Geburts- oder Jahrestag oder auf andere Ereignisse warten, die sie noch erleben möchten, wie die Hochzeit einer Tochter oder die Geburt eines Enkels, ihr Leben häufig noch bis zum ersehnten Ereignis ausdehnen können.

In einer aufschlussreichen, von dem US-Forscher T.O. Hacknett durchgeführten Untersuchung erholten sich optimistische Patienten nach einem Myokardinfarkt, wenn sie ihre Lage als nicht so tragisch ansahen, schneller und hatten höhere Überlebenschancen als diejenigen, die mit Angst und Verzweiflung reagierten. Obwohl ein Leugnen in derartigen Fällen die Patienten davon abhalten kann, sich einer Behandlung zu unterziehen, und somit schwerwiegende Folgen haben kann, scheint es, dass die Patienten, die in ihren Symptomen keine gravierenden Folgen sehen wollten, eine Art »prophetische Illusion« schufen. Ihr Optimismus half ihnen, negative Gefühle aus eigener Kraft in den Griff zu bekommen und ihre Anfälligkeit für Komplikationen zu reduzieren. In ähnlicher Weise hat Charles W. Given von der University of Michigan nachgewiesen, dass eine solche positive Grundhaltung des Kranken nicht nur ihm hilft, sondern auch möglichen Depressionen bei Familie und Pflegern entgegenwirkt.

Im Allgemeinen erleben optimistische Menschen Krankheiten weniger angstvoll als Pessimisten. Das liegt daran, dass, wer auf die Zukunft vertraut, sein gegenwärtiges Missgeschick als vorübergehend einstuft und keine weitreichenden Auswirkungen unterstellt; zudem unternimmt er größere Anstrengungen, um seine Erkrankung zu überwinden.

Vieles ist darüber gesagt und geschrieben worden, dass wir Menschen auf das Morgen bezogene Lebewesen sind. Unsere Annahmen oder Erwartungen in Bezug auf die Zukunft üben einen gewaltigen Einfluss auf unsere Gegenwart aus. Daher spielt Hoffnung im Genesungsprozess eine so wichtige Rolle. Der Placeboeffekt, den ich im Kapitel zu den Ursprüngen des positiven Denkens erwähnte, ist ein Paradebeispiel für die Fähigkeit des Menschen, seine natürlichen Heilkräfte zu mobilisieren. Ein typischer und eindeutiger Fall für diese Fähigkeit zeigte sich bei einer Arzneimittelstudie, welche die Wirksamkeit eines neuen Medikaments gegen Zwölffingerdarmgeschwüre mit der eines bereits seit mehreren Jahren auf dem Markt befindlichen Präparats vergleichen sollte. Bei den 300 freiwilligen Teilnehmern an dieser Studie, die von Frank Lanza und seinem Team durchgeführt wurde, war ein Geschwür diagnostiziert worden, nachdem man die Verletzung durch eine Endoskopie sichtbar gemacht hatte. Die Teilnehmer wurden nach dem Zufallsprinzip in drei Gruppen eingeteilt: Die erste erhielt das neue Medikament, die zweite das alte und die dritte ein Placebomittel. Die drei Kapseltypen waren optisch identisch, und weder die Patienten noch die behandelnden Ärzte kannten den Inhalt – ein Testverfahren, das als »doppelblind« bezeichnet wird. Nach vierwöchiger Behandlung wurden die Patienten erneut endoskopiert, um festzustellen, wie weit das Geschwür abgeheilt war. Die Ergebnisse zeigten, dass dies bei

88 Prozent der Patienten, die das neue Medikament erhalten hatten, bei 66 Prozent der Empfänger des alten Medikaments sowie bei 49 Prozent derer der Fall war, die das Placebo eingenommen hatten.

Placebomittel können Kranken nicht nur dabei helfen, körperliche Defekte zu heilen, sie können auch Gemütskrankheiten lindern. Dies beweist eine Studie einer von Lon Schneider geleiteten Forschungsgruppe an der University of Southern California. Dabei erhielt die Hälfte der 728 Teilnehmer, die allesamt über 60 Jahre alt und als depressiv diagnostiziert waren, Pillen mit dem erprobten antidepressiven Wirkstoff Sertralin; die andere Hälfte nahm äußerlich gleiche, aber wirkstofffreie Tabletten ein. Nach acht Wochen war bei 45 Prozent der Gruppe, die das Medikament erhalten hatte, sowie bei 35 Prozent der Placebogruppe eine Besserung eingetreten. Besonders auffällig war die Tatsache, dass sowohl die Patienten, die Sertralin, als auch die, die eine neutrale Substanz erhalten hatten, mit fast gleicher Häufigkeit über Nebenwirkungen wie Schwindelgefühle, Mundtrockenheit, Schläfrigkeit, Kopfschmerzen und Übelkeit klagten.

Der Placeboeffekt bleibt nicht auf Arzneimittel beschränkt. So war es in den 1950er-Jahren in Mode gekommen, bei Patienten, die an Angina Pectoris litten, operativ die Brustarterien zu verbinden, um die Blutzufuhr zum Herzen zu erhöhen. Zehn Jahre und Tausende von Eingriffen später führten die Ärzte Grey Dimond und Leonard Cobb zwei Studien durch, die die Auswirkungen dieser verbreiteten Operation mit der simulierter Eingriffe verglichen. Hierfür brachten die Chirurgen Patienten, die nicht wussten, ob sie der echten oder der falschen Operation unterzogen wurden, nur oberflächliche Schnitte in die Brust bei. Das Ergebnis war frappierend: Während bei

67 Prozent der Probanden, die die echte Operation erhielten, Besserung eintrat, waren es unter denen, die der simulierten Operation unterzogen wurden, 83 Prozent!

Was die Kranken, die aus eigener Kraft gesund werden, miteinander verbindet, ist ihre ausgeprägte Hoffnung auf Heilung. Wenngleich noch wenig über die Mechanismen bekannt ist, die den Zusammenhang zwischen Hoffnung und Heilung ausmachen, hat Anfang 2004 eine Forschungsgruppe unter Leitung des schwedischen Neurologen Predrag Petrovic am Karolinska Institut in Stockholm nachgewiesen, dass die Hoffnung eines Patienten, durch Einnahme eines Placebos seinen Schmerz lindern zu können, physische Veränderungen im Gehirn hervorruft, die sogar auf einem Ultraschallbild zu sehen sind. Vielleicht wird dies dabei helfen, die positive Wirkung genauer zu verstehen.

Wie ich schon bei anderer Gelegenheit bemerkt habe, kommen wir alle mit einer doppelten Staatsbürgerschaft zur Welt: als Bürger eines vitalistischen Reichs der Gesundheit und eines schmerzvollen Reichs der Gebrechen. Obwohl wir alle gerne nur den Pass des beliebteren Landes verwenden, sieht sich fast jeder Mensch früher oder später gezwungen, sich als Einwohner des Reichs der Krankheit zu erkennen zu geben. Doch dieser unsichere und schmerzliche Ort lässt sich besser ertragen, wenn man auf den Lebensmut, die Linderung und die Aussichten auf Heilung zählt, die uns eine hoffnungsfrohe Einstellung verleiht.

Berufsleben

»Nicht nur, dass der Mensch in Wirklichkeit gar nicht darauf aus ist, um jeden Preis Spannungen zu vermeiden: der Mensch braucht *Spannung [...] eine* spezifische *Spannung, wie sie sich [...] etabliert zwischen ihm, dem Menschen, und einem Sinn, der gleichsam darauf wartet, von ihm, und ausschließlich von ihm, erfüllt zu werden.«*
Viktor E. Frankl, *Der Mensch vor der Frage nach dem Sinn,* 1946

Die Mehrheit der Erwachsenen widmet einen Großteil ihrer Zeit der Aufgabe, den Lebensunterhalt zu verdienen. Im Buch Genesis steht, unsere Ureltern seien, nachdem sie entgegen Gottes Weisung vom Baum der Erkenntnis gegessen hatten, aus dem Paradies vertrieben und dazu verurteilt worden, zusammen mit ihren Nachkommen ihr Brot im Schweiße ihres Angesichts zu verdienen. Nun stimmt es zwar, dass viele Menschen ihren Job als harte Pflicht und zuweilen gar als Qual empfinden, doch es fehlt auch nicht an solchen, für die der Beruf eine reizvolle, abwechslungsreiche und vielleicht sogar kreative Tätigkeit ist. Es gibt tatsächlich viele, die ihren Beruf nicht nur als Mittel sehen, um den Lebensunterhalt zu bestreiten, sondern auch als Quelle der Befriedigung und des Sinns und einen positiven Aspekt ihrer persönlichen und sozialen Identität.

Heutzutage stehen nicht wenige berufstätige Mütter vor der Herausforderung, ihre häuslichen Aufgaben mit ihren beruflichen Interessen und Projekten in Einklang zu bringen – ein Zwiespalt, hinter dem die gewaltigen Anforderungen aufscheinen, denen sich Mütter in der heutigen

Zeit gegenübersehen, zumal, wenn sie Haushaltsvorstand sind oder nicht auf die Unterstützung eines Partners rechnen können. Und doch haben viele Experten, etwa die Soziologinnen Grace Baruch und Rosalind Barnett, nachgewiesen, dass arbeitende Mütter, denen es gelingt, ein Gleichgewicht zwischen Familie und Beruf herzustellen, ihre Mutterrolle mehr genießen, als wenn sie sich in Heim oder Arbeit »gefangen« fühlen. Kinder, deren Eltern berufstätig sind, wachsen völlig normal auf, solange es ihnen nicht an Zuneigung und Sicherheit fehlt und Dritte gut auf sie achtgeben.

Zahlreiche Untersuchungen, die der Psychologieprofessor Edward C. Chang analysiert hat, weisen darauf hin, dass, wer im Beruf Freude und Erfolg haben will, außer der nötigen Qualifikation und Motivation auch eine gesunde Portion Optimismus benötigt. Eine optimistische Grundhaltung hilft dabei, auf das eigene Können zu vertrauen, sein Bestes zu geben, sich von Hindernissen nicht abschrecken zu lassen und auf andere einen sicheren Eindruck zu machen.

Im Beruf nährt sich das optimistische Denken aus drei Quellen: dem Bewusstsein der eigenen Erfolge in der Vergangenheit, den positiven Erklärungen, die man für laufende Ereignisse findet, und der Hoffnung, die man hegt, seine Ziele zu erreichen. Menschen, die dem, was ihnen am Arbeitsplatz widerfährt, etwas Positives abzugewinnen wissen, sind zufriedener als solche, die hauptsächlich die negativen Gesichtspunkte im Auge haben. Dieser Effekt des Optimismus ist wichtig, denn eine regelmäßige, befriedigende Aufgabe fördert das Selbstwertgefühl und hebt das Vertrauen in die eigene Kompetenz und Selbstständigkeit.

Die NASA, die die Kandidaten für ihr Raumfahrtprogramm nach äußerst anspruchsvollen Kriterien auswählt, zählt eine optimistische Haltung zu den wünschenswertesten Charaktereigenschaften. Diese positive Grundeinstellung sollte sich in einem ausgeprägten Selbstbewusstsein und in der festen Überzeugung niederschlagen, dass man sein Glück selbst in der Hand hat; die Kandidaten sollten tatkräftig und bei unerwarteten, unwägbaren Herausforderungen zupackend und gleichzeitig gelassen sein; es wird von ihnen Teamfähigkeit in Arbeit und Zusammenleben sowie die Fähigkeit erwartet, mit Langeweile, Einsamkeit und Unsicherheit zurechtzukommen; und schließlich müssen sie in der Lage sein, Zweifel und Ängste auszublenden.

LeRoy E. Cain, als langjähriger Leiter des NASA-Raumfahrtprogramms verantwortlich für den Flug der »Columbia«, die im Februar 2003 beim Wiedereintritt in die Atmosphäre auseinanderbrach, schrieb wenige Tage danach in einem Artikel für die *New York Times*, trotz mehrerer Anzeichen, die auf nicht behebbare Schäden am Raumschiff hindeuteten, sei er »absolut zuversichtlich und sicher gewesen, dass die Columbia ohne Probleme würde landen können«. Die Techniker und das Kontrollpersonal, die ihm unterstellt waren, fühlten sich nach eigenen Angaben durch Cains optimistische Haltung lange dazu motiviert, die Konzentration aufrechtzuerhalten und gemeinsam um eine Lösung zu ringen, damit die Astronauten wieder heil landen könnten.

In einem interessanten Forschungsprojekt, das Martin Seligman Ende der 80er-Jahre leitete, unterzogen sich 15 000 Bewerber, die Versicherungsvertreter bei der Firma Metropolitan Life werden wollten, zwei Tests: zum einen dem üblichen Test für Versicherungsverkäufer, zum anderen einem Persönlichkeitstest, der den Grad an Optimismus beziehungsweise Pessimismus bei den Kandidaten maß. Daraufhin wurden etwa 1200 Personen eingestellt, die man in drei Gruppen einteilte. Die erste Gruppe, »die Optimisten«, bestand aus 500 Kandidaten, die den Eignungstest bestanden hatten und laut Persönlichkeitstest gemäßigte Optimisten waren. Die zweite Gruppe, »die Pessimisten«, zählte ebenfalls 500 Personen, die den Eignungstest bestanden hatten, sich jedoch im Persönlichkeitstest als gemäßigte Pessimisten herausgestellt hatten. Die dritte Gruppe schließlich, die sogenannten Spezialeinheiten, bestand aus 200 Kandidaten, die durch den Eignungstest gefallen waren, im Persönlichkeitstest jedoch ein sehr hohes Optimismusniveau erreicht hatten.

Zwei Jahre später verglich das Management von Metropolitan Life die Leistungen der drei Gruppen. Es stellte sich heraus, dass die »Spezialeinheiten« am produktivsten gearbeitet hatten. Diese im Eignungstest durchgefallenen Superoptimisten hatten 26 Prozent mehr Versicherungen verkauft als die »Optimisten« und 57 Prozent mehr als die »Pessimisten«. Dem Anschein nach war der Erfolg der optimistischsten Verkäufer in erster Linie ihrem größeren Arbeitswillen und der größeren Widerstandskraft zu verdanken, mit der sie Absagen seitens potenzieller Kunden begegneten. Seither ist Seligmans berühmtes *Optimismometer* fester Bestandteil des Auswahlprozesses geworden, durch den das Unternehmen seine Verkäufer auswählt.

Optimisten, die den Wechselfällen der Arbeitswelt offen und selbstbewusst begegnen, neigen dazu, zu den Angeboten und Chancen, die sich ihnen bieten, klar und entschlossen »Ja!« zu sagen. Sie sind für Tätigkeiten, die Kundenkontakt oder Teamwork erfordern, hervorragend geeignet. Erfolge erklären sie sich mit ihrer eigenen Kompetenz und sind daher auch stolzer darauf als Leute, die ihre Erfolge dem Zufall oder der Hilfe anderer zuschreiben. Bei Misserfolgen dagegen fühlen sie sich weniger beschämt, weil sie Pech oder andere externe Faktoren und nicht etwa eigenes Versagen dafür verantwortlich machen.

In den meisten Unternehmen sieht man eine pessimistische Einstellung ungern oder interpretiert sie gar als Zeichen mangelnder Loyalität. Die Überbringer schlechter Nachrichten sind ihren Vorgesetzten niemals willkommen. Dagegen stehen Angestellte, die als Optimisten gelten, in der Regel bei Vorgesetzten und Kollegen hoch im Kurs. Im Allgemeinen sind optimistische Mitarbeiter am beliebtesten, erhalten anspruchsvollere Aufgaben und höhere Posten und verdienen mehr Geld als Pessimisten. Trotz dieser eindeutigen Vorteile versuchen bislang nur wenige Menschen, gezielt auf eine optimistische Haltung hinzuarbeiten, um so ihre beruflichen Chancen zu steigern.

Wer darauf hofft, seine Vorhaben verwirklichen zu können, arbeitet härter und länger als diejenigen, die nicht damit rechnen, ihre Ziele zu erreichen. Jonathan D. Brown von der Washington University fragte Testpersonen in einer Reihe von Untersuchungen nach dem Vertrauen in ihre Fähigkeiten, Probleme in der Arbeit lösen zu können. Er wies nach, dass diejenigen, die positive Erwartungen hegten, vor allem in schwierigen Situationen Probleme besser in den Griff bekamen, weil die Herausforderung sie zu Höchstleistungen anspornte. Zwischen optimistischen Erwartungen und besseren Ergebnissen gibt es einen Zusammenhang. Wer mit einem Scheitern rechnet, bei dem ist wiederum die Wahrscheinlichkeit größer, dass es eintritt: Negatives Denken provoziert Fehler bei der Bewältigung komplizierter Aufgaben. Darüber hinaus dämpft eine optimistische Haltung die emotionalen Auswirkungen von Misserfolgen.

Es gibt Kritiker, die Optimismus als Mangel an Realismus bezeichnen. Ihrer Ansicht nach bedarf es in Führungspositionen einer pessimistischen, harsch realistischen Einschätzung der Sachlage. Außerdem führen sie an, in gewissen Situationen sei es besser, sich trotz bereits erlittener Verluste rechtzeitig zurückzuziehen oder eine neue Richtung einzuschlagen, als auf eitlen Hoffnungen zu beharren oder partout auf dem alten Weg zu bleiben. Es lässt sich nicht abstreiten, dass der Finanzvorstand eines Unternehmens oder der für die Sicherheit in einem Atomkraftwerk verantwortliche Ingenieur das sinnvoll mögliche Investitionsvolumen oder die Gefährlichkeit des Reaktors in einem gegebenen Moment korrekt einschätzen beziehungsweise genau kennen müssen. Für ihre Aufgaben sind nüchternes Kalkül, Vorsicht, Objektivität und Genauigkeit wesentliche Eigenschaften. Es fragt sich allerdings, ob diese mit Optimismus inkompatibel sind.

Untersuchungen über Manager und Unternehmer zeigen, dass die überwiegende Mehrheit sehr wohl weiß, wie wichtig es ist, Risiken richtig einzuschätzen, und dass der Schlüssel zum Erfolg in ihrer »Voraussicht und ihrem Geschick« liegt, die Geschäfte in die richtigen Bahnen zu lenken. Ein zuversichtlicher Blick auf die Zukunft des Unternehmens und hohe Erfolgserwartungen werden bei leitenden Angestellten sehr geschätzt. Im mittleren Management bietet die Möglichkeit, den Topmanagern optimistische Zahlen und Fakten zu präsentieren, einen hohen Anreiz. Die Projekte, die den größten Vorteil versprechen, haben die besten Aussichten, sich im internen Wettbewerb einer Firma durchzusetzen, selbst wenn sie ihre ehrgeizigsten Ziele vielleicht nicht erreichen.

Da überzogener Optimismus, der Risiken ignoriert oder nachlässig kalkuliert, sehr teuer werden kann, könnte man ein gewisses, für realistische Entscheidungen förderliches Maß an Pessimismus als zweckmäßig ansehen. Es ist jedoch erwiesen, dass übermäßiger Realismus in schwierigen Situationen zu Demoralisierung und Gleichgültigkeit führt. Die Management-Experten Daniel Kahneman und Dan Lovallo von der Princeton University haben beobachtet, dass bereits ein nur ansatzweise realistischer Optimismus in Unternehmen eine große Antriebskraft darstellt, die dazu beiträgt, Krisen zu überwinden, und das Durchhaltevermögen der Angestellten in Krisenzeiten stärkt.

Karl Weick, Professor für Organisation und Psychologie an der University of Michigan, illustriert die Vorzüge von Vertrauen und Enthusiasmus gegenüber einer realistischen Einschätzung der Lage mit einer interessanten Anekdote. Während eines Wintermanövers in der Schweiz schickte der junge Leutnant eines ungarischen Kommandos in den Alpen einen Spähtrupp aus, um einen Berg zu erkunden. Kurz darauf setzte heftiger Schneefall ein. Nach zwei Tagen war der Trupp noch nicht zurückgekehrt. Sorgenvoll dachte der Leutnant, er habe seine Männer in den Tod geschickt. Am vierten Tag aber trafen die Soldaten wieder im Lager ein. »Was ist vorgefallen? Wie habt ihr es hierher zurück geschafft?«, wollte der Leutnant wissen. Die Soldaten antworteten, als sie sich hoffnungslos verirrt gehabt hätten und allmählich den Mut verloren, habe einer von ihnen in der Tasche eine Landkarte gefunden. Das beruhigte die anderen. Sie warteten das Ende des Sturms ab und machten sich dann mithilfe der Landkarte auf den Rückweg. Der Leutnant sah sich das rettende Dokument interessiert an und stellte zu seiner Verblüffung fest, dass es sich um eine Karte der Pyrenäen handelte. Die Karte hatte also die Soldaten nicht auf den richtigen Weg gebracht, sondern in ihnen lediglich Hoffnung genährt, und genau das hatte ihnen geholfen, sich der verzweifelten Lage erfolgreich zu stellen.

Analysiert man die Bedeutung des Optimismus in der Arbeitswelt, so wirkt sich nicht jene Einstellung am positivsten aus, die alles durch eine rosa Brille wahrnimmt, sondern die Art von Optimismus, die eine zuversichtliche, aber weitestmöglich an der Realität orientierte Haltung fördert. Idealistische Träumer, die nicht zwischen erreichbaren und unerreichbaren Zielen zu unterscheiden wissen oder die in ihren Entscheidungen enthaltenen Risiken falsch einschätzen, lassen sich oft zu Fehlurteilen verleiten. In diesem Sinn ist es wohl die beste Strategie, in ungewissen oder gefährlichen Situationen das Beste zu hoffen, aber auf das Schlimmste vorbereitet zu sein.

Ob man sich an seinem Arbeitsplatz wohlfühlt oder nicht – den Job zu verlieren stellt immer eine schwere psychische Belastung dar. Häufig empfinden Menschen eine Entlassung als persönliches Scheitern. Neben den wirtschaftlichen Folgen, die ein Arbeitsplatzverlust mit sich bringen kann, ist eine Entlassung ein Schlag für das Selbstwertgefühl. Das Selbstvertrauen und das Gefühl, das eigene Leben im Griff zu haben, werden infrage gestellt. Längere Beschäftigungslosigkeit kann zu einem Motiv für Bitterkeit und Verzweiflung werden.

Wie das Ende wichtiger Liebesbeziehungen, so meistern Optimisten auch die Krise, die ein Jobverlust bedeutet, im Allgemeinen wesentlich besser als Pessimisten. Sie schreiben ihre Notlage externen oder vorübergehenden Gründen zu, was sie davor bewahrt, sich gedemütigt, inkompetent oder demoralisiert zu fühlen. Und da sie zuversichtlich sind, eine neue Stelle zu finden, suchen sie mit größerer Hartnäckigkeit, was wiederum ihre Chancen erhöht.

Eine optimistische Haltung hilft die Frustration zu überwinden, die oft mit einer erzwungenen Frühpensionierung
einhergeht, vor allem dann, wenn der Beruf für den Betroffenen die Hauptquelle persönlicher Befriedigung und ge-
sellschaftlicher Anerkennung dargestellt hat. Für viele
Rentner, die an einen regelmäßigen Arbeitsrhythmus ge-
wöhnt sind, bedeutet die Pensionierung – zumal wenn sie
alleine leben oder keine Angehörigen haben, was immer
häufiger vorkommt – fast schon einen unfreiwilligen Rückzug aus dem Leben. Wenn Optimisten in Rente gehen, fällt
es ihnen leichter, nach Alternativen zu suchen, die ihnen
erlauben, an Projekten teilzunehmen, sich weiterzubilden,
sich neue Kenntnisse anzueignen oder gesellschaftlich zu
engagieren. Das ist ein echter Vorteil, da solche Betätigun-
gen für die Beteiligten in der Regel sehr befriedigend ausfallen.

In dem Maß, in dem die Lebenserwartung steigt, der
technologische Fortschritt es erlaubt, die Arbeitszeit zu
verkürzen, und immer mehr Menschen aufgrund von
Arbeitslosigkeit oder Frühpensionierung ohne Beschäftigung sind, gewinnt die Freizeit mehr und mehr an Bedeutung. Was die Menschen mit ihrer freien Zeit anfangen,
hängt von ihrem Geschmack, von ihrer natürlichen und
sozialen Umgebung und von den Mitteln ab, die ihnen zur
Verfügung stehen. Doch vor allem wird ihre Fähigkeit, die
Mußestunden zu genießen, von der Geisteshaltung bestimmt. Ob wir nun auf die Jagd nach Abenteuern gehen,
die das Herz bis zum Hals schlagen lassen, oder ein be-
schauliches Leben bevorzugen, das Ruhe und Introspek-
tion erlaubt – die Befriedigung, die wir daraus schöpfen,
hängt in erster Linie davon ab, wie wir die jeweilige Beschäftigung bewerten, welchen Sinn wir ihr geben.

Politik

»Der Politiker, der einst lernen musste, wie man Königen
schmeichelt, muss jetzt lernen, wie man die Wählerschaft
fasziniert, amüsiert, verlockt, betrügt, erschreckt oder
auf andere Weise ihre Gunst gewinnt.«
George Bernard Shaw, *Handbuch des Revolutionärs*, 1903

Der Soziologe William Dember von der University of Cincinnati stellte vor einigen Jahren fest, dass Menschen, die sich als politisch engagiert bezeichnen, optimistischer sind als diejenigen, die sich als apolitisch sehen. Nun kann man natürlich annehmen, optimistische Personen fühlten sich häufiger als Pessimisten zur Umtriebigkeit und zu den Herausforderungen der hektischen Welt der Politik hingezogen. Doch es könnte auch andersherum bedeuten, dass manche Menschen aus einem Engagement für das Gemeinwohl positive Energie ziehen.

Harold Zullow und eine Gruppe von Psychologen von der University of Pennsylvania haben eine Methode zur Messung des Optimismusniveaus entwickelt, die darauf basiert, die sprachlichen Gewohnheiten der Testpersonen genau zu analysieren. Die Originalität der Methode liegt darin, dass man nicht wie sonst üblich auf psychologische Tests oder Interviews zurückgreifen muss, sondern den Optimismus direkt anhand der Aussagen der Probanden bestimmen kann.

Mittels dieser Inhaltsanalyse wollte die Forschungsgruppe unter anderem feststellen, in welcher Beziehung der Grad an Optimismus beziehungsweise Pessimismus von US-Präsidentschaftskandidaten zum Wahlausgang steht. Den Resultaten des Projekts zufolge haben optimistische Politiker mehrere Vorteile. Zum einen sind sie in der Regel engagierter, nehmen an mehr Wahlveranstaltungen teil und reagieren schneller auf unvorhergesehene Situationen. Zum anderen sind sie für die Wähler zugänglicher und attraktiver. Schließlich rufen optimistische Kandidaten den größten Siegesglauben bei ihren Anhängern hervor. In der Regel vermitteln positive Erklärungsmuster in Krisenzeiten und bei heißen Themen, zu denen sich die Kandidaten äußern müssen, ein Gefühl von Zuversicht und Sicherheit. Wenn die Wähler sich einen Staatschef wünschen, der ihnen den Glauben gibt, die Probleme des Landes lösen zu können, unterstützen sie demnach in der Regel den optimistischsten Kandidaten.

Später untersuchte und bewertete eine Gruppe von Sprachwissenschaftlern Optimismus und Pessimismus in anonymisierten Wahlkampfreden der US-Präsidentschaftskandidaten von 1900 bis 1984. Es zeigte sich, dass aus den insgesamt 22 Wahlen die 18 am optimistischsten eingestuften Kandidaten als Sieger hervorgegangen waren. Bei 82 Prozent der Wahlen entschied sich das Wahlvolk also für den optimistischeren Kandidaten.

Damit hatte man erstmals eine Methode gefunden, mit der man allein aufgrund der Redeinhalte der Kandidaten mit hoher Sicherheit das Wahlergebnis voraussagen konnte. Dabei zeigte sich der Optimismus auf unterschiedliche Weise. So behaupteten die Redner, wenn es um komplexe Probleme ging, deren Ursachen und Lösungen klar erkennen zu können. Zugleich legten sie bei der Erklärung wesentlicher Ereignisse eine positive Perspektive an den Tag. Ihre Deutung zeichnete sich dadurch aus, dass sie schwerwiegende Rückschläge als unbedeutende und vorübergehende Unannehmlichkeiten behandelten, die sich auf das Wohlergehen des Landes nicht weiter auswirken würden. Des Weiteren übernahmen sie für eine gescheiterte Politik nicht persönlich die Verantwortung, sondern schrieben sie unkontrollierbaren Umständen, zerstörerischen äußeren Kräften oder böswilligen Feinden zu; George W. Bushs »Achse des Bösen« ist hierfür ein Paradebeispiel. Bei positiven Ereignissen hingegen tendierten die Bewerber zu der Behauptung, deren Vorteile würden von Dauer sein und viele Aspekte des wirtschaftlichen und gesellschaftlichen Wohlergehens in ihrem Land erfassen. Auch zögerten sie bei günstigen Entwicklungen nicht, sich das Verdienst fast allein zuzurechnen. Dafür brauchten sie lediglich zu sagen, diese unvorhergesehenen Ereignisse seien Teil eines Plans, den sie selbst oder ihre Partei von langer Hand vorbereitet hätten, wofür sie die Gunst des Wählers verdienten.

Begeistert von ihrer Entdeckung beschloss die Forschungsgruppe, ihre Messmethode für Optimismus einzusetzen, um den Ausgang der Präsidentschafts- und Senatswahlen 1988 zu prognostizieren. Die zwei Wochen vor der Wahl bekannt gegebenen Prognosen erwiesen sich als erstaunlich präzise. Nicht nur sagten sie den Sieg des Republikaners George Bush sr. über den Demokraten Michael Dukakis sowie die Gewinner von 25 der 29 zur Wahl stehenden Senatssitze voraus – auch der Vorsprung des Siegers war in der Mehrheit der Fälle richtig geschätzt worden.

Bill Clintons Wahlsiege 1992 und 1996 wurden nach demselben Prinzip korrekt prognostiziert. Übrigens erwähnte Clinton in seiner zweiten Präsidentschaftskampagne gegen Bob Dole bei jeder Gelegenheit, er stamme aus einem Städtchen namens Hope (Hoffnung), worauf Dole unweigerlich mit der Behauptung konterte, er sei »der größte Optimist Amerikas«. Bei den Wahlen im Jahr 2000 kamen George W. Bush und Al Gore auf einen ähnlichen Optimismuswert, was durch das so knappe wie umstrittene Wahlergebnis bestätigt wurde.

Zullow und seiner Expertengruppe zufolge gibt es nur wenige Ausnahmen zu der Regel, nach der die optimistischsten Kandidaten den Wahlsieg davontragen, und zwar die drei aufeinanderfolgenden Amtsperioden des Pessimisten Franklin D. Roosevelt (1932, 1936 und 1940), der während der Großen Depression und des Zweiten Weltkriegs an der Regierung war, und den Wahlsieg Richard Nixons im Jahr 1968, also auf dem Höhepunkt des Vietnamkriegs.

Was die Protagonisten der US-Wahlen im November 2004 angeht, so stimmten fast alle Fachleute darin überein, dass der Präsident George W. Bush eine optimistischere Figur abgab als der demokratische Senator John Kerry, den manche Kommentatoren als den »Ritter von der traurigen Gestalt« verspotteten. Bush bläute der Wählerschaft pausenlos ein, dass er für sein zweites Mandat gute Entwicklungen erwarte und dass er der Einzige sei, der diese Resultate erzielen könne. Auch machte er allerlei Versprechungen und gab positive Erklärungen ab, die zu seiner Rechtfertigung und seinem Vorteil ausfielen, selbst wenn sie reduktionistisch oder gar – wie im Fall der angeblichen Massenvernichtungswaffen im Irak – frei erfunden waren. Diese Strategie, bewusst oder unbewusst angewandt, half ihm gerade in Momenten, wo er verwundbar gewesen wäre, in der Öffentlichkeit ein Bild des Vertrauens aufrechtzuerhalten.

Bush verwendete stets vorteilhafte Vergleiche, um die negativen Konsequenzen seiner Entscheidungen ins rechte Licht zu setzen. Indem er eine bedenkliche Lage – beispielsweise die katastrophale Situation im Irak – mit einer

190

noch schlimmeren verglich – dem grassierenden Terrorismus und der zunehmenden Verbreitung von Massenvernichtungswaffen auf dem Planeten –, vermittelte der amerikanische Staatschef den Bürgern natürlich ein tröstlicheres Bild von den Folgen seiner Kriegstreiberei, als wenn er relevantere Vergleiche gezogen hätte, zum Beispiel zur Sicherheit auf der Welt vor und nach seiner unilateralistischen Invasion im Irak. Wenn Bush den Verlust von fast zwei Millionen Arbeitsplätzen während seiner ersten Amtsperiode und die gleichzeitige massive Zunahme von Bürgern, die in Armut und ohne Krankenversicherung leben, mit Armutsstatistiken aus anderen, weniger begünstigten Ländern verglich, verpackte er die Fakten geschickter, als wenn er denselben Daten die besseren Lebensbedingungen gegenübergestellt hätte, die unter seinen Vorgängern herrschten. Was man auch von der Objektivität oder Rationalität dieses Vorgehens halten mag, am Ende konnte sich Bush mihilfe solcher vorteilhafter Vergleiche bei den Wählern durchsetzen.

John Kerrys Auftreten war dagegen überwiegend von Pessimismus geprägt. In seinen Reden führte er fortwährend die lange Liste von Fehlern und Übergriffen auf, die in den vier Jahren zuvor von der republikanischen Regierung begangen worden waren. Seine Erklärungen und Vergleiche waren zwar eloquent und entsprachen den Tatsachen, führten jedoch immer zu einer negativen Bilanz der aktuellen Lage. Jeglichen positiven Aspekt, den man auch nur im Entferntesten seinem Widersacher hätte zuschreiben können, überging der Senator oder behandelte ihn mit herablassendem Sarkasmus. Für ihn waren gute Nachrichten nichts als sporadischer Zufall, schlechte aber kreidete er stets den Fehlentscheidungen des Präsidenten an.

Heute sind sich zahlreiche Experten für Wahlkampagnen darüber im Klaren, dass Optimismus in der Politik gefragt ist. Daher werden Optimismus und Pessimismus im demokratischen Wettstreit um die Gunst der Wähler Tag für Tag als Waffe eingesetzt. Anschauungsmaterial dafür findet man zum Beispiel im Wahlkampf für die spanischen Parlamentswahlen im März 2004. Während der konservative Spitzenkandidat Mariano Rajoy seinen Widersacher José Luis Rodríguez Zapatero wiederholt anklagte, »ein Erzpessimist zu sein«, nahm dieser bei jeder Gelegenheit für sich in Anspruch, optimistischer zu denken als sein Gegner.

Heute ist es immer schwieriger geworden einzuschätzen, ob der optimistische Schein, mit dem sich ein Politiker umgibt, seiner wahren inneren Haltung entspricht. Zudem ist es den Imageberatern mittlerweile ein Leichtes, die Persönlichkeit jeder beliebigen Figur nach Wunsch zu manipulieren und diese Fassade wenigstens für eine gewisse Zeit aufrechtzuerhalten. Das führt zu dem beunruhigenden, ja gefährlichen Umstand, dass führende Politiker von fragwürdiger Integrität einen falschen, betrügerischen Optimismus an den Tag legen.

Doch am Ende sind es auf der Bühne demokratischer Wahlen immer noch die Bürger, die das letzte Wort haben. Das ist eine tröstliche Tatsache. Obwohl es durchaus geschichtliche Beispiele für gewählte Volksvertreter gibt, die ihre Anhänger in eine katastrophale Richtung manövrierten, hat sich die Weisheit des Volkes bisher doch als verlässlicher erwiesen, Entscheidungen von nationaler Bedeutung zu fällen, als jede andere bekannte Regierungsform. Der englische Naturwissenschaftler Francis Galton veröffentlichte im Jahr 1907 in der Zeitschrift *Nature* einen Artikel, in dem er ein Ereignis bei der Wahl des prächtigsten Ochsen auf der Nutztiermesse von Plymouth schilderte. Eines der Prachtexemplare, das an dem Wettbewerb teilnahm, wurde vor einer interessierten Menge von Schaulustigen präsentiert; diese sollte im Rahmen einer kleinen Wette das Gewicht des Ochsen erraten. Etwa 800 Personen erstanden für je sechs Cent ein nummeriertes Los, auf das sie ihren Namen und das vermutete Gewicht des Tieres notierten. In der Menge befanden sich erfahrene Viehhändler ebenso wie neugierige Besucher der Messe, die nichts von der Materie verstanden. Als alle Zettel eingesammelt waren, verkündete der Preisrichter, der Ochse wiege genau 1198 Pfund. Leider wurde der Preis nicht vergeben, da keiner der Teilnehmer auch nur annähernd richtig gelegen hatte. Anschließend ließ sich Galton die Zettel aushändigen und errechnete den Durchschnitt aller abgegebenen Stimmen. Das Resultat war frappierend: 1197 Pfund. So hatten die Teilnehmer in ihrer Gesamtheit das beste Resultat erzielt.

Sport

»Gut dann läuft ein muthiges Ross nach eröffneter Schranke,
Reizen es andere an neben und vor ihm zum Lauf.«
Ovid, *Die Liebeskunst,* 8 n. Chr.

Wer sich für eine Sportart begeistert, neigt in der Regel mehr zu Optimismus als zu Pessimismus. Es ist noch nicht wissenschaftlich erfasst, ob es sich hierbei um Zufall oder um eine Kausalbeziehung handelt. Ebenso wenig wissen wir, ob die Sportbegeisterung Menschen zu positivem Denken führt oder ob es die positive Grundhaltung ist, die sie dazu bewegt, Sport zu treiben.

Die Rolle des Optimismus in der Welt des Sports zu verstehen kann auch bei der Bewältigung von Wettbewerb und hohen Anforderungen im Alltag helfen, insbesondere, wenn sie ein großes Maß an Beharrlichkeit und Motivation erfordern.

Unter Sportlern sind Selbstsicherheit und Vertrauen in die eigenen Fähigkeiten weitverbreitet. Stellt man 20 gleich starken Sportlern versuchsweise die Aufgabe, ihre Position in der Gruppe einzuschätzen, indem sie ihr Können und Talent im Verhältnis zu den anwesenden Mitstreitern auf Rang 1 bis 20 einstufen, so platzieren sich 18 von 20 Teilnehmer unter den ersten zehn; das heißt 90 Prozent sehen sich in der oberen Hälfte. Die Mehrheit ist sich nicht darüber im Klaren, dass sie es mit Athleten zu tun hat, die sich ebenfalls für die fähigsten halten. Das erklärt, warum sich ein weit höherer Anteil unter den Profisportlern zu den Besten zählt als die tatsächliche Elite.

Dennoch variiert das Optimismusniveau bei unterschiedlichen Sportlern und Mannschaften. Martin Seligman und seine Mitarbeiter haben Hunderte von Sportberichten und Spielergebnissen systematisch gelesen und ausgewertet und sind dabei zu drei Schlussfolgerungen gelangt. Erstens, dass bei gleichen athletischen Voraussetzungen immer der optimistischere Sportler gewinnt, weil er größere Anstrengungen unternimmt, vor allem in schwierigen Situationen beziehungsweise wenn er im Rückstand liegt. Zweitens, dass es sich bei Mannschaftssportarten genauso verhält. Das bedeutet, wenn das Können und die Vorbereitung der Spieler etwa auf gleichem Niveau sind, geht das optimistischere Team als Sieger vom Platz, insbesondere in knappen Partien. Drittens kann man voraussagen, dass ein Sportler, der seinen Optimismus steigert, damit auch seine Siegeschancen erhöht.

Es gibt Mannschaften mit großen Stars, in denen sich aus welchen Gründen auch immer Pessimismus breitmacht. Das wiederum untergräbt das Selbstvertrauen und den Enthusiasmus, die erforderlich sind, um in engen Spielen um den Sieg zu kämpfen. Die Trainer sprechen dann gerne von einem »Einstellungsproblem«. Der Pessimismus kommt in Aussagen zum Ausdruck wie: »Letztes Jahr sind wir Meister geworden, weil wir Glück hatten und die Bayern nicht so stark waren.« Auch die Erklärungen, die sich die Spieler für ihr momentanes Versagen ausdenken, spiegeln den Pessimismus wider: »Klar, das war eine hundertprozentige Chance, aber ich bin einfach nicht in der Form von letztem Jahr, und mir fehlt der letzte Biss.« Und schließlich findet man bei den Beteiligten auch eine defätistische Haltung in Bezug auf die Zukunft: »Wenn man keine Tore schießt, kann man halt nicht gewinnen. Wenn wir so weitermachen, steigen wir noch ab, das muss man ganz realistisch sehen.«

Optimismus fördert die Risikobereitschaft. Die Zeitungen sind voll von Meldungen, in denen extrem optimistische Sportler die Möglichkeiten des Scheiterns kleinreden und sich schier unerreichbare Ziele setzen. Obwohl dieses Vorgehen auch seine Nachteile haben kann, ist doch unbestreitbar, dass kein Sportler ohne ein hohes Maß an Wagemut und Selbstbewusstsein einen Rekord brechen wird. Der wichtigste Vorzug des Optimismus zeigt sich jedoch darin, dass er die Athleten dazu motiviert, sich trotz körperlicher Ermüdungserscheinungen und mentalem Druck durchzubeißen, und Beharrlichkeit und Siegeswillen fördert.

Obwohl das Selbstvertrauen des Optimisten Sportler auch dazu verleiten kann, sich an Aufgaben zu wagen, die ihre Fähigkeiten übersteigen, ist diese Haltung im Wettstreit selbst von großem Nutzen. Die Hoffnung auf den Sieg nährt angesichts einer drohenden Niederlage Opferbereitschaft, Selbstsicherheit und Durchhaltevermögen und steigert dadurch die Chancen zu gewinnen. Wenn optimistische Sportler in Rückstand geraten, spornt sie das, wie ein Experiment von der University of California in Berkeley zeigt, zusätzlich an. Die Mitglieder einer Schwimmmannschaft bekamen nach einem Wettkampf von den Trainern die Information, sie hätten schlechtere Zeiten erreicht, als in Wirklichkeit gemessen worden waren. Nach diesem vermeintlichen Rückschlag verbesserten die Schwimmer, die als optimistisch galten, ihre Zeiten. Die Pessimisten dagegen schwammen langsamer als zuvor.

Ein Kennzeichen des sportlichen Wettbewerbs ist, dass die Teilnehmer den Wettkampf nicht einfach abbrechen können, auch wenn die Niederlage fast gewiss ist. Unter diesen Umständen kann hartnäckige Beharrlichkeit gegen alle Prognosen nur von Vorteil sein. Weniger eindeutig ist der Fall, wenn man das Feld verlassen kann und es eventuell zu viel Kraft kostet, den Kampf fortzusetzen. Dann ist gerechtfertigte Hartnäckigkeit von bloßer Sturheit kaum zu unterscheiden.

Ein weiterer, nach außen hin wirksamer Vorteil von Optimismus in Wettbewerbssituationen liegt darin, dass er die Widersacher einschüchtert. Es ist eine anerkannte Tatsache, dass der Anschein absoluter Selbstsicherheit sich bezahlt macht, bei Spielen wie in Verhandlungen oder persönlichen Auseinandersetzungen.

Interessanterweise strahlt die Haltung der Sportler auf ihre Fans ab. Zahlreiche Studien belegen, dass begeisterte Anhänger sich psychologisch auf ihre Idole einstellen; das geht so weit, dass sie ähnliche Stimmungswechsel durchleben wie die Athleten, die sie in Aktion sehen. Das Phänomen existiert auch außerhalb der Welt des Sports. Wenn es um etwas geht und wir als Teil einer solidarischen Gruppe um den Erfolg kämpfen, so wirken Selbstwertgefühl, Optimismus und Selbstvertrauen ansteckend und übertragen sich auf die anderen Mitglieder der Gruppe.

Medizin

»Es ist besser, eine Kerze anzuzünden,
als mit der Dunkelheit zu hadern.«
Konfuzius, 500 v. Chr.

Gesundheitliche Probleme stellen unsere positive Lebenseinstellung auf eine harte Probe, doch sie werfen auch ein Licht darauf, wie nützlich Optimismus sein kann. Ich bin davon überzeugt, dass positives Denken für jeden, der sich für die medizinische Praxis und ihre verschiedenen Bereiche interessiert, eine wesentliche Eigenschaft darstellt.

Obwohl ich persönlich glaube, dass es nichts Faszinierenderes gibt als das Funktionieren des menschlichen Körpers, haben Ärzte und die Angehörigen anderer medizinischer Berufe nicht die Aufgabe, den menschlichen Organismus in seiner vollen Leistungsfähigkeit zu bewundern. Sie müssen Patienten helfen, die an physischen und psychischen Krankheiten leiden. Wenige Dinge stürzen Menschen in ein solches Gefühlswirrwarr aus Verletzlichkeit, Hilflosigkeit und Ängsten wie eine Erkrankung. Das natürliche Mitgefühl gegenüber fremdem Leid und die Empathie, also die Fähigkeit, sich in andere hineinzuversetzen, führen dazu, dass Ärzte und Pfleger über den Zustand ihrer Patienten betroffen sind, deren Stress ansteckend auf sie wirkt. Unter diesen Umständen wird Optimismus zu einem sehr wirkungsvollen Schutz.

Wie ich feststellen konnte, entdecken fast alle Männer und Frauen, die sich die Medizin zur Lebensaufgabe machen, sehr bald die Vorzüge des Optimismus. Angefangen damit, dass man während der Lehrjahre ein gerüttelt Maß an positivem Denken gebrauchen kann. Man ist sich ja des hohen Preises, den die Patienten für die eigene Unerfahrenheit zahlen müssen, schmerzlich bewusst. Wenngleich die Nebenwirkungen ärztlicher Unerfahrenheit sich durch alle Fachgebiete hindurchziehen, dürfte es die Chirurgie sein, wo sie am besten quantifiziert werden können. So ist statistisch belegt, dass Chirurgen, die eine neue Operationstechnik einführen – beispielsweise die laparoskopische Cholezystektomie, also die Entfernung der Gallenblase mittels Instrumenten, die durch kleine Öffnungen in die Bauchhöhle eingeführt werden –, mindestens 30 Eingriffe vornehmen müssen, bis sie eine gewisse Kompetenz erlangen und nur noch ein Mindestmaß an Komplikationen auftritt. Bei solchen Aussichten sind psychische Abwehrmechanismen und optimistische Rationalisierungen für den lernenden Chirurgen unerlässlich und für den Patienten, sofern er sich des Risikos bewusst ist, natürlich ebenfalls.

Allerdings muss man sich vor Ärzten in Acht nehmen, die aufgrund eines trügerischen Optimismus ihre wahre Kompetenz überschätzen oder sich bei unzureichend erforschten Heilmaßnahmen übermäßig euphorisch zeigen, denn das kann ins Auge gehen. Nur allzu häufig ist zu lesen, welch unglückselige Folgen selbstgefällige und kopflose ärztliche Entscheidungen nach sich ziehen.

Die Maxime »Übung macht den Meister« gilt nicht nur auf dem Gebiet der Medizin, sondern lässt sich auch auf viele andere Berufe anwenden, wo man sein Handwerk in erster Linie aufgrund praktischer Erfahrung beherrscht – auf Piloten, Feuerwehrleute, Ingenieure, Wirtschaftsberater, Apotheker, Architekten, Anwälte, Polizisten oder Busfahrer. In all diesen Fällen ist ein gesundes Maß an positivem Denken im Verbund mit einer ordentlichen Prise Vorsicht die ideale Kombination.

Damit ein Arzt seinen Beruf effizient ausüben kann, ist es entscheidend, dass er das Leiden seines Patienten mit einer gewissen Distanz betrachtet. Nur so kann er sich die nötige Objektivität bewahren und Krankheiten klar diagnostizieren. Ebenso ist es von Bedeutung, dass diese objektive Sichtweise den Mediziner nicht daran hindert, dem Kranken Zuversicht und Anteilnahme zu vermitteln, um den gemeinsamen Feind, die Krankheit, besiegen zu können.

Wenn eine positive Erwartungshaltung aufseiten des Patienten mit einer zuversichtlichen Ausstrahlung des behandelnden Arztes zusammentrifft, steigt die Wahrscheinlichkeit, dass der Patient auf die Behandlung anspricht, signifikant an. Das wies der US-Schmerzforscher Richard Gracely in einem interessanten Experiment nach. Er erklärte 60 Freiwilligen, denen ein Weisheitszahn gezogen werden sollte, nach dem Eingriff würde ein zufällig ausgewählter Teil der Probanden ein Placebo erhalten, die anderen ein Schmerzmittel. Den Zahnärzten wiederum wurde mitgeteilt, sie sollten den ersten 30 Patienten ein Schmerzmittel verschreiben und den anderen 30 ein Placebo, dürften sie das aber nicht wissen lassen. In Wahrheit erhielten sämtliche Patienten, ohne dass sie oder die Zahnärzte davon wussten, ein Placebo. Am Ende des Versuchs fühlten sich die 30 Patienten, denen die Zahnärzte ihrer Ansicht nach ein Schmerzmittel verschrieben hatten, wesentlich besser als die anderen 30, denen die Ärzte ein Placebo verabreicht zu haben glaubten. Wenn Ärzte von der Wirksamkeit ihrer Behandlung überzeugt sind und ihren Patienten Zuversicht vermitteln, vereinen sich die positiven Erwartungen des Mediziners und des Patienten und steigern die Wahrscheinlichkeit auf einen Heilerfolg – selbst wenn in Wirklichkeit ein unwirksames Mittel verabreicht wird.

In unserer vom Einsatz neuester Technologie geprägten Zeit werden emotionale Faktoren von den behandelnden Ärzten allzu oft außer Acht gelassen, obwohl deren Effekt über Leben und Tod entscheiden kann. Manche Ärzte betrachten die Beziehung zwischen Körper und Psyche mit Skepsis. Sie glauben, es sei für den Ausgang einer Behandlungsmaßnahme irrelevant, ob man den Patienten ermutigt und ihm Hoffnung macht oder nicht. Ihrer Meinung nach gelingt es unabhängig von diesen emotional stützenden Schritten, der Mehrzahl der Patienten zu helfen, allein dank des Fortschritts in der Medizin. Hinzu kommt der negative Einfluss der Arbeitsatmosphäre im überfüllten und von Stress gekennzeichneten Gesundheitssystem; enge Termine, mühselige bürokratische Hürden und Interessenkonflikte zwischen den medizinischen Dienstleistern und ihren Kunden sind an der Tagesordnung. Allzu viele Ärzte fühlen sich durch das Gesundheitssystem eingeschränkt und missbraucht. Sie klagen über schlechte Bezahlung und darüber, dass ihnen Zeit und Energie fehlten, um in Ruhe mit den Patienten, die in ihrer Obhut stehen, reden und ihnen Gelassenheit und Zuversicht vermitteln zu können.

Ein weiterer Vorteil einer optimistischen Grundhaltung im Gesundheitswesen besteht darin, dass sie einen Arzt motiviert, selbst bei der Behandlung schwer oder gar unheilbar Kranker die Zuversicht nicht zu verlieren. Eine solche optimistische Einstellung hilft auch denjenigen, die auf Krankheiten mit einer hohen Letalitätsrate spezialisiert sind, nicht in Resignation zu verfallen, wenn ihre Maßnahmen vorhersehbar geringe Wirkung zeitigen. Hier schützt Optimismus vor der natürlichen Scheu der Ärzte, sich emotional und professionell auf Patienten mit einem hohen Todesrisiko einzulassen. Das ist positiv, denn der wahre Nutzen der Medizin liegt in ihrem Dienst an den Kranken, unabhängig von den Heilungsaussichten.

In der Tat wird die positive Haltung des Arztes selten so auf die Probe gestellt wie bei der Behandlung unheilbar Kranker. In den letzten 15 Jahren hat sich immer mehr die Erkenntnis durchgesetzt, dass es wichtig ist, die Verschwörung des Verschweigens, Verheimlichens und Verschleierns zu brechen, der sich solche Patienten häufig gegenübersehen. Es kommt daher immer häufiger vor, dass der Arzt dem Kranken die genaue Diagnose mitteilt. In derartigen Fällen ist es am besten, das Problem klar, ausgewogen und vollständig zu erklären und den Patienten über die Behandlungsoptionen in Kenntnis zu setzen, und zwar mit einer Haltung, die ihm Verständnis und Mitgefühl vermittelt und ihm Mut macht.

Dabei muss ich an Manuel denken, einen guten Freund in meinem Alter, der über mehrere Monate hinweg an einem hartnäckigen Husten litt. Eines Tages bat er mich, ihn zu einem Spezialisten zu begleiten. Dieser sollte ihn über das Ergebnis einer Lungenbiopsie informieren, die man an Manuel vorgenommen hatte. Als wir im Sprechzimmer waren, bat der Arzt ihn Platz zu nehmen und sagte mit ruhiger, fester Stimme, in der Zuneigung und Sicherheit lagen: »Manuel, du hast Krebs. Es tut mir leid. Aber wir haben Glück, der Tumor ist noch recht klein. Es gibt da eine Behandlungsmethode, mit der man in 50 Prozent der Fälle gute Heilwirkung erzielt. Wenn du dazu bereit bist, werden wir zusammen um deine Genesung kämpfen.« Wie man sich denken kann, musste mein Freund zunächst eine schmerzliche Zeit der Fassungslosigkeit, Wut, Verzweiflung und Angst durchmachen. Doch bald gewann sein Lebenswille wieder die Oberhand. Das motivierte ihn, sich mit Optimismus einer anstrengenden Chemotherapie zu unterziehen und über vier Jahre hartnäckig um sein Leben zu ringen. Obwohl Manuel am Ende seinem Krebsleiden erlag, sagte er mir Tage vor seinem Tod, er sei stolz auf den Kampf und froh, sein Leben wenigstens so lange ausgedehnt zu haben. Die letzten Jahre, fuhr er fort, hätten ihm die Chance gegeben, alte Wunden heilen zu lassen und in sich selbst Kräfte und Fähigkeiten zu entdecken, die ihm bis dahin verborgen geblieben waren.

Leider gibt es auch pessimistische Ärzte, die Schwerkranken ihre Heilungschancen gar nicht erst darstellen – denn mögen sie auch noch so gering sein, es gibt sie so gut wie immer – und sich darauf beschränken, das niederschmetternde Urteil zu verkünden. Die einen rechtfertigen ihren Defätismus mit »Wahrheitsliebe«, die anderen sagen, sie seien da lieber vorsichtig. Angeblich wollen sie in dem Patienten keine Hoffnungen auf Besserung wecken, die sie für wenig realistisch halten; dabei gründen sie ihre Prognosen auf die pessimistischsten Annahmen.

Optimismus ist für eine »gute Praxis« in der Medizin und anderen Gesundheitsberufen von grundlegender Bedeutung. Er ist eine Kunst aus Worten, Gefühlen und Haltungen. Ein guter Arzt drückt seinen Optimismus mit Zuversicht, beherzt und solidarisch aus, was dem Patienten wiederum Sicherheit, Hoffnung und Motivation gibt, gegen seine Krankheit zu kämpfen.

Optimismus in den Medien

»Wahrer Optimismus erstrahlt in der Tragödie.«
Madeleine L'Engle, *Two-Part Invention:*
The Story of a Marriage, 1988

Journalisten sind Meister der Information, die sich damit beschäftigen, zu sichten und zu verbreiten, was Nachrichtenwert besitzt. Zu den nützlichsten Eigenschaften für den, der diesen Beruf ausübt – einige davon teilen Journalisten übrigens mit Psychiatern –, zählen Neugierde, Forschergeist, Lust an Neuem und am Abenteuer, Energie, Humor, die Gabe, zuhören zu können, ein Faible für Tratsch oder Verschwörungstheorien sowie Durchhaltevermögen bei Widrigkeiten und Misserfolgen. Nach allem, was bisher über den Optimismus gesagt wurde, brauche ich wohl nicht lange zu erklären, warum eine positive Haltung sich vorteilhaft auf den Erfolg in diesem Metier auswirkt. Ich möchte nur hervorheben, dass ich im persönlichen Umgang mit mir sehr nahestehenden Mitgliedern dieses Berufs feststellen konnte, wie wertvoll optimistische Qualitäten für Journalisten sind – besonders dann, wenn es darum geht, sich vor den Belastungen zu schützen, denen sie ausgesetzt sind, wenn sie über Unglücksfälle zu berichten haben.

Kommunikationsexperten sind sich der Faszination sehr bewusst, die von der Not und dem Unglück unserer Nächsten ausgeht. Das erklärt, warum uns die Medien 24 Stunden am Tag über die gewaltsamsten und schlimmsten Ereignisse auf der Welt auf dem Laufenden halten. Fast kommt es einem vor, als verbrächten wir mehr Zeit damit, uns erschüttert all jene entfernten Katastrophen anzusehen, als all die guten Momente zu feiern, die uns das Leben fortwährend beschert.

Während ich über diese Frage nachsann, kam mir der Gedanke, dass es interessant sein könnte, etwas über den Nachrichtenwert des Optimismus herauszufinden. Mithilfe von ein paar Kollegen, die sich beide sehr gut auf Internetrecherchen verstehen, analysierte ich eine Auswahl im Jahr 2004 in westlichen Zeitungen erschienener Artikel. Zu meiner Überraschung war das Wort »Optimismus« vom 1. Januar bis zum 31. Dezember des genannten Jahres in den zehn ausgewählten Zeitungen insgesamt 6619-mal zu lesen, also dreimal so häufig als der Begriff »Pessimismus«, der nur 1983-mal gefunden wurde. Die spanische Tageszeitung *El País* druckte das Wort Optimismus 736-mal, Pessimismus nur 218-mal, in der *New York Times* setzte sich der Optimismus gegen den Pessimismus mit 834 zu 132 durch, in *El Mundo* mit 1576 zu 609, in der *Washington Post* lautete das Ergebnis 618 zu 100, im spanischen Blatt *ABC* 595 zu 154, in der mexikanischen Zeitung *El Universal* 424 zu 70, in *Le Monde* 441 zu 404, im *Corriere della Sera* 63 zu 14, in *La Vanguardia* 752 zu 212 und in der argentinischen Zeitung *La Nación* 580 zu 73.

Mein spontanes Erstaunen bezog sich darauf, dass den Regeln zufolge, die im Journalismus zu gelten scheinen, Optimismus auf den ersten Blick keinen Nachrichtenwert besitzt. Meines Wissens gibt es zwei Grundregeln. Die eine ist qualitativ und gründet auf dem bekannten Vorurteil, gute Neuigkeiten seien keine Meldung wert. Die zweite hat quantitativen Charakter und basiert auf der simplen Faustregel, dass der Nachrichtenwert eines Ereignisses umso geringer ist, je wahrscheinlicher mit seinem Eintritt zu rechnen war. Wie wir auf den vorangegangenen Seiten sehen konnten, ist eine optimistische Haltung eine positive und häufig anzutreffende menschliche Charaktereigenschaft, auch wenn sie manchmal nicht wahrgenommen wird. Somit erfüllt sie die beiden Kriterien nicht, denen zufolge diejenigen Nachrichten bevorzugt behandelt werden, in denen es um negative oder neuartige Ereignisse geht.

Doch es gibt eine Erklärung dafür, warum die optimistische Sicht, obwohl sie positiv und weitverbreitet ist, unter bestimmten Umständen Journalisten und Leser gleichermaßen fasziniert. Ich war gerade dabei, einer Gruppe Studenten den Zusammenhang zwischen der Einstellung von Menschen und ihrer Lebenserwartung zu erklären. Um Eindruck auf sie zu machen, legte ich ihnen mehrere Untersuchungen vor, denen zufolge als Pessimist eingestufte junge Leute statistisch ein höheres Todesrisiko haben als die Optimisten unter ihren Altersgenossen. Doch meine Zuhörer zeigten sich von diesen interessanten Daten wenig fasziniert. Für sie war die Feststellung, dass Pessimismus gesundheitsschädlich ist, weder überraschend noch bedenkenswert. Anschließend zeigte ich ihnen weitere Fachartikel, in denen dargelegt wurde, dass eine optimistische Haltung die Lebensbedingungen von Menschen, die schwer an Herzkrankheiten, Krebs, Multipler Sklerose oder Aids leiden, immer verbessert und in vielen Fällen auch lebensverlängernd wirkt. Diese Artikel nun stießen bei meinen Studenten auf großes Interesse. Nachdem wir eine Weile diskutiert hatten, gelangten wir zu dem Schluss, dass Optimismus dann besonders faszinierend wirkt und entsprechenden Nachrichtenwert besitzt, wenn er sich auf missliche Lebenslagen bezieht.

Um diese Annahme zu verifizieren, bat ich meine freundlichen Kollegen, die mit mir die Tageszeitungen nach dem Begriff »Optimismus« durchforstet hatten, den Inhalt der

Nachrichten zu analysieren. Es ging mir darum, den Kontext zu klären, in dem das Wort auftauchte. Dabei traten zwei interessante Aspekte zutage. Erstens verwenden die Journalisten das Wort Optimismus mehrheitlich im Wirtschafts-, Politik- und Sportteil, also auf drei überaus dynamischen, öffentlichen Themengebieten, in denen Aktivität, der Leistungsgedanke, Risiko, Wettbewerb, Unsicherheit, Leidenschaft, Hartnäckigkeit und Ehrgeiz eine Rolle spielen und wo es Gewinner und Verlierer gibt. Es handelt sich um Lebensbereiche, in denen eine optimistische Haltung wichtiger Akteure und ihrer Anhänger entscheidenden Einfluss auf die Ereignisse hat. Zweitens bestätigte sich der Verdacht, dass der Optimismus in Berichten, die sich mit negativen Inhalten beschäftigen, besonderen Nachrichtenwert besitzt. Das Wort »Optimismus« kam in 60 Prozent der analysierten Artikel mit negativer Thematik vor, war jedoch nur in 40 Prozent der Berichte mit positiven Themen enthalten.

Vielleicht ist das der Grund dafür, dass der Anthropologe Stephen Jay Gould von der Harvard University zu der Ansicht gelangte, Optimismus sei im Kern ein »tragisches« Abwehrmittel. Seiner Meinung nach stellt der Optimismus zwar ein wirksames Werkzeug dar, ist aber eher ein letztes Mittel, auf das wir nur zurückgreifen, wenn wir uns durch Notsituationen, die wir nicht abwenden können, dazu gezwungen sehen.

Es mag sein, dass im Jahr 2004 optimistische Gesichtspunkte größeren Nachrichtenwert hatten als pessimistische, weil sie in einer von zahlreichen Katastrophen überschatteten Welt besonders hervorleuchteten. So hatten wir noch eine lange Reihe von schrecklichen Problemen aus dem Jahr 2003 übernommen: die grausamen, revanchistischen Kriege im Irak und in Afghanistan; die gnadenlosen

Auseinandersetzungen im Nahen Osten; den korruptions-
bedingten Zusammenbruch zahlreicher großer amerika-
nischer Unternehmen, der bei Tausenden von Familien die
Ersparnisse eines ganzen Lebens zunichte machte; die
Nachricht von dem sexuellen Missbrauch, den Hunderte
von gewissenlosen Priestern allein in den USA an über
10 000 Kindern verübt hatten; oder die verheerenden Auswirkungen des Erdbebens in der iranischen Stadt Bam, das
über 30 000 Menschen das Leben kostete. Und schon zu
Beginn des Jahres 2004 wurde die Welt von neuen Grausamkeiten wie den verheerenden Zuganschlägen von Madrid erschüttert; Hunderte von Unschuldigen wurden von
Rebellen im Süden Thailands und in Nigeria nieder-
gemetzelt; wehrlose irakische Gefangene von US-Solda-
ten gefoltert; Hunderttausende Frauen und Kinder von
Milizen im Sudan vergewaltigt und ermordet; die Hurri-
kans *Ivan* und *Charly* verwüsteten Küstenorte auf Kuba,
Jamaika und in Florida; Hunderte von Kindern wurden von tschetschenischen Terroristen in ihrer Schule in
Beslan umgebracht; und fünf Tage vor Weihnachten kostete ein furchtbares Seebeben im Indischen Ozean über
200 000 Menschen in elf Ländern Südostasiens das Leben.

Inmitten all der Katastrophen fanden Journalisten auf
der gesamten Welt am 3. Januar eine Aussage Jan Ege-
lands, des UN-Koordinators der Hilfsmaßnahmen für die
Opfer des Seebebens im Indischen Ozean, eine Meldung
wert. Egeland hatte über die Fortschritte bei der Hilfe in
den betroffenen Ländern berichtet und gesagt: »Jeden Tag
gibt es gute Nachrichten. Heute bin ich optimistischer als
gestern und viel optimistischer als noch vor zwei Tagen,
dass die Weltgemeinschaft diese enorme Herausforderung
bewältigen kann.«

Ich vermute, dass Nachrichten optimistischen Inhalts

nicht nur dazu dienen, uns in düsteren, schmerzhaften Momenten Licht zu spenden. Vielmehr sind sie selbst das sicherste und hoffnungsfreudigste Zeichen dafür, dass die Menschheit Zeiten des Unglücks einmal mehr überstehen wird.

Optimismus und Notlagen

Frage: »Warum machen Sie sich bei Ihrem außerordent-lichen Wissen die Mühe, so zugängliche Bücher über die Geheimnisse des Universums zu verfassen?«
Stephen Hawking: »Ich möchte, dass meine Bücher in den Buchhandlungen auf Flughäfen verkauft werden.«
F: »Sind Sie immer so guter Laune?«
SH: »Das Leben wäre eine Tragödie, wenn es nicht so unterhaltsam wäre.«
F: »Im Ernst, wie schaffen Sie es, sich Ihren Optimismus zu bewahren?«
SH: »Als ich 21 war, fielen meine Erwartungen auf den Nullpunkt. Seitdem ist für mich jeder Tag ein Geschenk.«
Deborah Solomon, Interview mit Stephen Hawking,
New York Times, 12. Dezember 2004

Der 1942 in Oxford geborene Stephen Hawking gilt als be-deutendster theoretischer Physiker unserer Zeit. Im Alter von 21 Jahren erkrankte er an Amyotropher Lateralskle-rose, einer unheilbaren Krankheit, die die Bewegungsneu-ronen angreift, die für die Kontrolle der Muskulatur zuständig sind. Mittlerweile kann sich Hawking nur noch im Rollstuhl fortbewegen und über einen speziellen Com-puter kommunizieren, der sich per Knopfdruck mit einer Hand bedienen lässt. Auf diese Weise ist es Hawking gelungen, mehrere Bücher über Astrophysik zu verfassen, in denen er sehr gut verständlich die wesentlichen Gesetze erklärt, die das Universum bestimmen.

Die Fähigkeit, sich Schicksalsschlägen entgegenzustellen und sie zu überwinden, fußt auf einer Reihe von natürlichen – physischen und psychischen – Eigenschaften. In uns Menschen ruht ein enormes Potenzial, uns an neue Umstände anzupassen und uns von Rückschlägen emotional zu erholen. Viele Opfer von Katastrophen sagen, dass sie sich über ihr Unglück besser kennengelernt haben, dadurch geläutert wurden und ihr Leben seither intensiver genießen. Allerdings gibt es Schicksalsschläge, die leichter zu verarbeiten und einzuordnen sind als andere. So ist es einfacher, den Tod eines sechsundachtzigjährigen Großvaters hinzunehmen und darin einen Sinn zu finden als den eines neunjährigen Kindes.

Nicht alle Menschen verfügen über dieselbe Fähigkeit, sich von Rückschlägen zu erholen. Die Möglichkeiten eines jeden, ein Unglück zu überwinden, hängen neben genetischen und charakterlichen Faktoren auch davon ab, welche Bedeutung er einer misslichen Lage zuschreibt und wie seine Zukunftserwartungen aussehen. So ist im Gefolge des spektakulären wissenschaftlichen, technologischen, sozialen und politischen Fortschritts, den zahlreiche Länder vor allem im Westen durchgemacht haben, die Lebensperspektive von immer mehr Menschen durch ein hohes Maß an Sicherheit, Kontrolle und Autonomie und durch die Erwartung auf ein erfülltes und gesundes Lebens gekennzeichnet. Doch eben deshalb treffen uns unerwartete Einbrüche und das Gefühl von Ungewissheit und Verletzlichkeit umso härter.

Es ist eine erwiesene Tatsache, dass Menschen mit einer optimistischen Lebenseinstellung Widrigkeiten besser überwinden als Pessimisten, von schweren Krankheiten bis hin zu schmerzlichen Veränderungen im Leben wie Scheidung, Insolvenz, Arbeitslosigkeit oder Exil. Dass Optimismus in schwierigen Lebenslagen hilft, ist unabhängig vom Alter, dem Geschlecht, der Intelligenz, dem Bildungsstand oder den wirtschaftlichen Ressourcen eines Menschen. Die Ergebnisse Hunderter Untersuchungen in unterschiedlichen Ländern stimmen darin überein, dass Selbstvertrauen, die Fähigkeit, Ereignisse positiv zu interpretieren, und vor allem Zuversicht uns darin unterstützen, mit Schicksalsschlägen besser zurechtzukommen.

Optimistische Menschen vertrauen mehr als Pessimisten darauf, dass sie bei Problemen eine Lösung finden werden, und legen deshalb eine größere Beharrlichkeit an den Tag. Auch das Gefühl, die Situation im Griff zu haben, hilft ihnen, ihr emotionales Gleichgewicht zu wahren, selbst wenn das Maß an Kontrolle nur sehr begrenzt oder gar gänzlich eingebildet ist. Die erfahrene Psychologin Lisa Aspinwall hat nachgewiesen, dass Optimisten eher bereit sind, sich über Themen zu informieren, die ihnen Sorgen machen, und bei wichtigen Entscheidungen positive wie negative Aspekte berücksichtigen; Pessimisten dagegen beschränken sich darauf, die negativen Aspekte zu sehen. Diese Tendenz des Optimisten ist hilfreich, weil der größte Feind vieler Menschen, die unter ihrer Situation leiden, weniger die schwierigen Umstände sind, sondern ihre eingebildeten Ängste, was noch alles passieren könnte. Wie der US-amerikanische Autor Elbert Hubbard 1927 schrieb: »Wenn die größten Freuden solche sind, die man sich nur ausmalt, so sollten wir bedenken, dass dasselbe auch für Leiden gilt.« Eine klare Sicht auf das, was tatsächlich geschieht und wie man darauf am besten reagieren kann, hilft außerdem dabei, nicht den Boden unter den Füßen zu verlieren. Noch die schlimmsten Situationen im Leben lassen sich besser ertragen, wenn man eine Perspektive findet, die Ursachen, Gründe und Gegenmittel erkennen lässt.

Extrovertiertheit ist ein unter Optimisten weitverbreiteter, vorteilhafter Charakterzug. Indem wir mit anderen sprechen, bestätigen wir unsere Gefühle und machen uns Luft. Zu kommunizieren und seinen Emotionen Ausdruck zu verleihen ist eine heilsame Art, die Gedanken zu ordnen und Beklemmung oder Angst zu lindern. In besonderen Notlagen tut es jedem Menschen gut, die eigene Stimme zu hören und von anderen gehört und ermutigt zu werden: Geteiltes Leid ist bekanntlich halbes Leid. Zeit mit anderen zu verbringen und uns ihnen mitzuteilen verschafft uns ein Gefühl von Gemeinschaft – »Ich bin nicht allein« – und hält uns dazu an, positive Interpretationen zu suchen. Diese wiederum relativieren den Stress, den Unglück verursacht.

Die Gesellschaft von Freunden schenkt uns außerdem Trost und Geborgenheit, und mit etwas Glück kommt dadurch auch noch Humor ins Spiel. Er hilft, sich gegen Ängste zu schützen und der Mutlosigkeit zu widerstehen, die anhaltendes Leid verursachen kann. Viktor E. Frankl entdeckte gerade während seiner grauenhaften Erfahrungen im Konzentrationslager die heilende Kraft des Humors. »Auch der Humor ist eine Waffe der Seele im Kampf um die Selbsterhaltung«, schrieb er. »Einen Freund und Kollegen, neben dem ich durch Wochen auf der Baustelle arbeitete, dressierte ich nachgerade auf Humor: Ich schlug ihm einmal vor, uns gegenseitig zu verpflichten, täglich mindestens eine lustige Geschichte zu erfinden, und zwar etwas, das sich dereinst, nach der Befreiung und Rückkehr, ereignen könnte.« Heute gilt es als erwiesen, dass Humor in erster Linie als reinigendes Mittel fungiert, das dazu dient, emotionale Spannung zu entladen. Selbst schwarzer Humor erheitert uns und die Menschen in unserer Umgebung. Und wenn er in uns auch noch den faszinierenden Reflex des Lachens auslöst, so hat er körperlich und seelisch eine belebende Wirkung.

Der in schwierigen Zeiten nützlichste Teilaspekt des Optimismus ist die Hoffnung. Inmitten von Entbehrungen und Leid wünscht sich jeder Mensch die Aussicht auf Linderung, Beruhigung und Heilung. Wir geben nicht auf, weil wir hoffen, dass das, was uns bedrückt, vorübergehen wird. Manche Menschen nähren ihr Vertrauen in der Krise durch Spiritualität. Der Glaube an ein Jenseits, wo man sicher und angenehm leben wird, hilft, das gegenwärtige Leiden besser zu ertragen. Daher blüht der Glaube an eine höhere Dimension, sei sie nun göttlich, magisch, körperlich oder an ein menschliches Ideal gebunden, seit alters her in allen Kulturen, und in schwierigen Zeiten ganz besonders.

Auf der anderen Seite ist es auch das Bewusstsein unserer Vergänglichkeit, das viele Menschen dazu bringt, mit besonderem Einsatz ums Überleben zu kämpfen. Im März 2004 hatte der berühmte französische Eishockeyspieler Eric Lemarque einen Unfall und irrte eine Woche lang verletzt und spärlich ausgerüstet am verschneiten Mammoth Mountain in Kalifornien herum. Als er schließlich doch noch von einem Suchtrupp gefunden wurde, erklärte er den überraschten Rettungsleuten: »Um nicht aufzugeben, träumte ich Nacht für Nacht davon, gefunden zu werden. Wieder und wieder sagte ich mir: Das ist alles nur ein Computerspiel. Gleich klickt jemand auf ›Neustart‹ und macht der Situation ein Ende.«

Zuversicht ist auch eine Waffe, die gesellschaftliche Führungspersönlichkeiten in Zeiten des Umbruchs wirksam einsetzen können. Ein Beispiel dafür ist der Kampf um die Bürgerrechte der schwarzen Bevölkerungsminderheit, der in den 1960er-Jahren in den USA geführt wurde. Den hoffnungsvollen Geist dieser friedlichen Massenbewegung verkörperte niemand so sehr wie ihr charismatischer Anführer Martin Luther King, und er verbreitete diesen Geist in seinen Reden. Die wohl berühmteste davon hielt er am 28. August 1963 bei einer Großdemonstration in Washington: »Ich habe einen Traum ... Ich träume, dass eines Tages diese Nation sich erheben wird und der wahren Bedeutung ihres Credos gemäß leben wird: ›Wir halten diese Wahrheit für selbstverständlich: dass alle Menschen gleich erschaffen sind.‹ Ich habe einen Traum, dass eines Tages auf den roten Hügeln von Georgia die Söhne früherer Sklaven und die Söhne früherer Sklavenhalter miteinander am Tisch der Brüderlichkeit sitzen können. [...]. Ich habe einen Traum, dass meine vier kleinen Kinder eines Tages in einer Nation leben werden, in der man sie nicht nach ihrer Hautfarbe, sondern nach ihrem Charakter beurteilen wird. [...] Das ist unsere Hoffnung. [...] Mit diesem Glauben werde ich fähig sein, aus dem Berg der Verzweiflung einen Stein der Hoffnung zu hauen. Mit diesem Glauben werden wir fähig sein, die schrillen Missklänge in unserer Nation in eine wunderbare Symphonie der Brüderlichkeit zu verwandeln.«

Fünf Jahre später wurde King in Memphis von einem Heckenschützen auf dem Balkon eines Hotels ermordet. 30 Jahre danach wurde die Apartheid, die offizielle Politik der Rassentrennung in Südafrika, abgeschafft, und heute werden Praktiken der Rassendiskriminierung überall auf der Welt verurteilt und als unannehmbar angesehen.

Trotz dieser erfreulichen Entwicklung sind Rassismus und seine gesellschaftlichen, wirtschaftlichen und gesundheitspolitischen Folgen in den USA, in Europa und in weiten Teilen der restlichen Welt weiterhin unübersehbar.

Ein weiterer positiver Aspekt einer optimistischen Haltung liegt darin, dass sie die Opfer der schlimmsten Notlagen dazu anhält, sich von ihrem Leid und Ressentiment und von der Opferrolle zu lösen, ein neues Kapitel in ihrer schmerzlichen Autobiografie aufzuschlagen, ihr Leben wieder in die Hand zu nehmen und mit Elan neue Ziele anzusteuern. Dieser Prozess der Loslösung ist auch der Gesundheit förderlich. Wie die bereits erwähnten Untersuchungen des Psychologen Fred Luskin und seiner Kollegen zeigen, wirkt er sich stabilisierend auf das Herz, den Blutdruck und das Immunsystem aus und reduziert die nervliche Anspannung.

Viele Menschen machen die Erfahrung, dass schwere Traumata, von ernsthaften Krankheiten über Unfälle, militärische Konflikte, Gewaltakte und den Verlust geliebter Menschen bis hin zu Naturkatastrophen, langfristig positive Auswirkungen haben können. Seit Anbeginn der Zivilisation ist es ein verbreiteter Gedanke, dass man durch Widrigkeiten hindurch an ein lohnendes Ziel gelangen kann. Vielleicht drückt sich diese Überzeugung in dem Sprichwort aus, demzufolge alles Schlechte auch sein Gutes hat, oder in der chinesischen Weisheit: »Mannigfaches Glück erwartet denjenigen, der das Geheimnis entdeckt, in der Krise die Chance zu erkennen.«

In ihrer Analyse von etwa 40 wissenschaftlichen Studien zu der positiven Entwicklung, die Menschen nach traumatischen Ereignissen erfahren, kommen die Psychologen Alex Linley und Stephen Joseph von der University of Warwick (Vereinigtes Königreich) zu dem Ergebnis, es gebe so etwas wie ein »posttraumatisches Wachstum«. Ebenso belegen die Forschungen von Susan Nolen-Hoeksema, Professorin für Psychologie an der University of Michigan, und anderer Kollegen zu den Folgen des Tods eines geliebten Menschen, dass etwa 75 Prozent der Hinterbliebenen ihrem schmerzlichen Verlust etwas Positives abgewinnen können. Wir alle kennen Menschen, bei denen ein Leidensprozess zu einer heilsamen Veränderung in der Persönlichkeit beigetragen hat. Zu den häufigsten positiven Konsequenzen zählen die Stärkung der Beziehungen zu Dritten sowie der Fähigkeit, sich in andere hineinzuversetzen. Einige entdecken in sich kreative oder altruistische Züge, die ihnen vorher verborgen geblieben waren. Andere sagen, sie würden die kleinen Freuden des Alltags nun intensiver genießen als früher.

In meiner jahrzehntelangen Beschäftigung mit dem menschlichen Verhalten habe ich festgestellt, dass man, wenn man seine Mitmenschen in aller Ruhe beobachtet und ihnen aufmerksam zuhört, eigentlich nur zu einem Schluss kommen kann: Es gibt eine Vielzahl von Männern und Frauen jeden Alters, aus jeder Gesellschaftsschicht und in allen Ländern, die dazu neigen, das Positive in vergangenen Erfahrungen und gegenwärtigen Ereignissen zu sehen. Sie neigen dazu, Probleme für lösbar zu halten, und selbst schmerzhaften Schicksalsschlägen gewinnen sie noch etwas Positives ab. Solche Menschen erfreuen sich an dem Schauspiel der Natur und den schönen Erlebnissen, die ihnen die Welt bietet, fühlen sich überwiegend zufrieden und erklären in ehrlicher Überzeugung, das Leben sei alles in allem doch lebenswert.

Diese Tatsache sollte nicht überraschen. Schließlich hat die Kraft des Optimismus die Menschheit schon immer dazu angetrieben, sich hoffnungsfroh zu paaren und fortzupflanzen, den Wechselfällen des Lebens energisch entgegenzutreten und sich für den Fortschritt und das Wohl aller einzusetzen. Aus all diesen Gründen ist der Optimismus ein äußerst wertvolles Merkmal der menschlichen Natur, das die Gene, die für das Überleben der Spezies zuständig sind, unweigerlich schützen und mit der verdienten Aufmerksamkeit behandeln mussten.

Die optimistische Grundhaltung in ihren Wurzeln, Einzelheiten und Anwendungen zu verstehen ist also eine überaus wichtige Aufgabe. Und positives Denken und Argumentieren zu erlernen stellt ohne jeden Zweifel eine rentable Investition dar. Davon bin ich umso mehr überzeugt, weil es, um die Chance auf ein gesundes und zufriedenes Lebens bestmöglich auszuschöpfen, nicht ausreicht, den Kampf gegen Krankheiten zu gewinnen. Vielmehr ist es von ebenso großer Bedeutung, die Heilkräfte in uns zu unterstützen und das Immunsystem zu stärken, das dazu da ist, uns auf unserem Lebensweg vor körperlichen und seelischen Gefahren zu bewahren.

Jonas E. Salk, der New Yorker Biologe, der 1952 einen Impfstoff gegen den tödlichen Poliovirus fand, vertrat noch mit 70 Jahren engagiert die Ansicht, dass es von größter Bedeutung sei, die natürlichen Abwehrkräfte zu fördern, die uns gegen Verzweiflung, Apathie und Fatalismus schützen: »Wäre ich heute ein junger Wissenschaftler«, sagte er, »so würde ich mich immer noch auf dem Gebiet der Mikrobiologie betätigen. Aber anstatt die Menschen gegen Infektionen zu impfen, würde ich ihre Psyche immunisie-

ren, damit sie seelischen Leiden widerstehen können.«
Hätte ich mich damals unter den Anwesenden befunden,
ich hätte Jonas Salk gesagt, dass der wirksamste Impfstoff
zu diesem Zweck der Optimismus ist.

Danksagung

»Niemand kann alleine eine Symphonie pfeifen.
Es braucht ein Orchester, um sie zu spielen.«
Halford E. Luccock, *365 Fenster,* 1943

Zum Abschied, liebe Leser, möchte ich Ihnen mitteilen, dass ich im Unterschied zu manchen Autoren, die ihre Inspiration in der Einsamkeit finden und ihre Gedanken und Gefühle am liebsten in stiller Zurückgezogenheit zu Papier bringen, lieber in Gesellschaft arbeite – wenn möglich inmitten von Trubel und unter neugierigen, nachsichtigen Leuten. Daher bedanke ich mich nun gerne bei einigen Menschen, die mir sehr nahestehen und die mich bei diesem Projekt mit ihren Anregungen und zahlreichen Ratschlägen unterstützt haben. In alphabetischer Reihenfolge genannt seien Paula Eagle, Mercedes Hervás, Isabel Piquer und Gustavo Valverde. Bedanken möchte ich mich auch bei Rebeca González und bei meinem Sohn Bruno, die Hunderte von Nachrichten über Optimismus und Pessimismus in den Zeitungen mehrerer Länder analysiert haben. Mein Dank gilt des Weiteren Santos López für seinen verlegerischen Rat sowie meinen anderen Freunden beim Aguilar-Verlag, insbesondere meiner Verlegerin Ana Rosa Semprún für ihr Vertrauen und ihre Unterstützung.

Meinen geschätzten Kollegen von der La-Caixa-Stiftung danke ich für die Möglichkeit, an der Konzeption neuer und wirksamer Projekte in der Gesellschaft und speziell im öffentlichen Gesundheitswesen mitzuwirken. Programme wie »Aprender a vivir«, »Familias canguro«, »Ciberaulas hospitalarias« und »La vida es cambio/El cambio es vida« waren für mich ein reicher Quell der Inspiration, weil sie alle sich durch eine beeindruckende und unerschöpfliche Menge an Enthusiasmus, Zuversicht und Optimismus auszeichnen, die sie antreibt.

In einem weiteren Kontext möchte ich nicht unerwähnt lassen, welches Glück ich hatte, auf den belebenden Einfluss der New Yorker zählen zu dürfen, offener und großzügiger Menschen, die mich vor fast 40 Jahren aufnahmen, ohne mich zu kennen – und ohne mich verstehen zu können. Dafür bin ich der Stadt in Dankbarkeit und Zuneigung verbunden. Ich glaube nicht, dass es auf der Welt viele Orte gibt, an denen es sich so trefflich über positives Denken nachdenken lässt wie in New York. Schließlich ist diese Weltstadt, die die Jazzmusiker des vergangenen Jahrhunderts liebevoll »The Big Apple« tauften – weil sie sie für die ideale Bühne hielten, um Inspiration zu finden und sich künstlerisch auszudrücken –, das Paradies der hochfliegenden Pläne und Chancen, ein einzigartiger Ort, wo die Hoffnung auf eine bessere Zukunft vergangenes Leid stets unter sich begräbt. Was könnte man sich Besseres wünschen, um den Optimismus zu erforschen?

Literatur

Auf der Suche nach dem Optimismus

Freud, Sigmund: *Das Unbehagen in der Kultur* (1930). In: Studienausgabe Bd. IX, Frankfurt am Main: Fischer 1994.

–: *Warum Krieg?* (1933). In: Studienausgabe Bd. IX, Frankfurt am Main: Fischer 1994.

Fromm, Erich: *Die Kunst des Liebens*, übersetzt von Liselotte und Ernst Mickel, in: Gesamtausgabe, hrsg. von Rainer Funk, Band IX: *Sozialistischer Humanismus und Humanistische Ethik*, Stuttgart: DVA 1981.

Gillham, Jane E. und Seligman, Martin E.P.: »Footsteps on the road to positive psychology«, *Behaviour Research and Therapy* 37 (1999): 163 – 173.

Horney, Karen: *Neurose und menschliches Wachstum. Das Ringen um Selbstverwirklichung*, aus dem Amerikanischen übersetzt von Ursula Joël, München: Kindler 1975.

James, William: *Die Prinzipien der Psychologie* (1890), Leipzig: Quelle & Meyer 1909.

Jones, Ernest: *Sigmund Freud, Leben und Werk*, übersetzt von Katherine Jones und Gertrud Meili-Dworetzki, München: dtv 1984.

Myers, David G.: *The pursuit of happiness*, New York: Avon Books 1992.

–: »The funds, friends and faith of happy people«, *American Psychologist* 55 (2000): 56 – 67.

Rojas Marcos, Luis: *Aprender a vivir*, Barcelona: Fundación »la Caixa« 1999.

–: *La vida es cambio. El cambio es vida*, Barcelona: Fundación »la Caixa« 2004.

Salk, Jonas E.: *Anatomy of reality*, New York: Columbia University Press 1983.

Seligman, Martin E.P. und Csikszentmihalyi, Mihaly: »Positive psychology: an introduction«, *American Psychologist* 55 (2000): 5 – 14.

Snyder, C.R. und Lopez, Shane J.: *Handbook of positive psycho-logy*, New York: Oxford University Press 2002.
Wundt, Wilhelm M.: *Grundzüge der physiologischen Psychologie*, Leipzig 1874. http://vlp.mpiwg-berlin.mpg.de/library/data/lit46

Die Ursprünge des positiven Denkens

Aristoteles: *Nikomachische Ethik* (ca. 350 v. Chr.), übersetzt von Eugen Rolfes, Leipzig: Felix Meiner 1911. http://gutenberg.spiegel.de/aristote/nikomach/nikomach.htm
–: *Problemata physica*, übersetzt und erläutert von Helmut Flashar, Berlin: merve 1991, Buch XXX, S. 256; zitiert nach http://www.philosophia-online.de/mafo/heft2001-05/loren-zen_suizid.htm
Descartes, René: *Von der Methode des richtigen Vernunftgebrauchs und der wissenschaftlichen Forschung.* Französisch-deutsch, übersetzt und herausgegeben von Lüder Gäbe, Hamburg: Felix Meiner 1997.
–: *Meditationen*. Dreisprachige Parallelausgabe Latein-Franzö-sisch-Deutsch, eingeleitet, übersetzt und erläutert von Andreas Schmidt, Göttingen: Vandenhoeck und Ruprecht 2004.
–: *Die Leidenschaften der Seele*. Französisch-deutsch, herausgege-ben und übersetzt von Klaus Hammacher, Hamburg: Felix Mei-ner 1996.
Edgerton, Robert B.: *Trügerische Paradiese. Der Mythos von den glücklichen Naturvölkern*, aus dem Amerikanischen von Michael Benthack, Hamburg: Kabel 1994.
Einstein, Albert: *Mein Weltbild* (1932), Berlin: Ullstein 2005.
Fromkin, David: *The way of the world*, New York: Alfred A. Knopf 1999.
Keller, Helen: *Optimismus. Ein Glaubensbekenntnis*, übersetzt von Rudolf Lautenbach, Stuttgart: Robert Lutz 1906.
–: *Geschichte meines Lebens* (1902), einzig berechtigte Überset-zung aus dem Amerikanischen, nach der amerikanischen Neu-auflage ergänzt und bearbeitet von Werner DeHaas, Bern: Scherz 1955.

Leblanc, Steven: *Constant battles: the myth of the noble savage and the peaceful past*, New York: St. Martin's Press 2003.

Leibniz, Gottfried: *Die Theodizee von der Güte Gottes, der Freiheit des Menschen und dem Ursprung des Übels* (1710), herausgegeben und übersetzt von Herbert Herring, Frankfurt am Main: Suhrkamp 1996.

Ortega y Gasset, José: *Der Aufstand der Massen* (1930), autorisierte Übersetzung aus dem Spanischen von Helene Weyl, Stuttgart und München: DVA 2002.

Pope, Alexander: *Vom Menschen. Essay on Man*, übersetzt von Eberhard Breinert, Hamburg: Felix Meiner 1993.

Russell, Bertrand: *Die Eroberung des Glücks. Neue Wege zu einer besseren Lebensgestaltung*, autorisierte Übersetzung von Magda Kahn, Darmstadt: Holle 1951.

Sartre, Jean-Paul: *Das Sein und das Nichts. Versuch einer phänomenologischen Ontologie*, deutsch von Hans Schöneberg und Traugott König, in: Gesammelte Werke in Einzelausgaben, Bd. 3. Reinbek bei Hamburg: Rowohlt 1995.

Schopenhauer, Arthur: *Die Welt als Wille und Vorstellung*, Kap. XII, §152, in: *Sämtliche Werke*, hrsg. von Paul Deussen, München: Piper 1911 – 1926, Bd. I–VI, Bd. V.

Tiger, Lionel: *Optimism, the biology of hope*, New York: Simon & Schuster 1979.

Unamuno, Miguel de: *Del sentimiento trágico de la vida* (1913); deutsch *Das tragische Lebensgefühl*, 1926 (vergriffen).

Voltaire, François Arouet de: *Candide oder der Optimismus*, übersetzt von Wilhelm Christhelf and Sigmund Mylius, Köln: Anaconda 2006. http://gutenberg.spiegel.de/voltaire/kandide/kandide.htm

–: Dictionnaire philosophique portatif, Genf: 1764.

Wilson, David S.: *Darwin's cathedral: evolution, religion and the nature of society*, Chicago: University of Chicago Press 2002.

Die Wissenschaft vom Optimismus

Festinger, Leon: *Theorie der kognitiven Dissonanz*. Aus dem Englischen übersetzt von Volker Möntmann, Bern, Stuttgart und Wien: Huber 1978.

Freud, Sigmund: »Der Humor«. In: Studienausgabe Bd. IV, *Psychologische Schriften*, Frankfurt am Main: Fischer 1994.

Gracián, Baltasar: *Das Kritikon*, aus dem Spanischen übersetzt und kommentiert von Hartmut Köhler, Zürich: Ammann 2001.

Hiroto, D.S.: »Locus of control and learned helplessness«, *Journal of Experimental Psychology* 102 (1974): 187–193.

Maier, Steven und Seligman, Martin E.P.: »Learned helplessness, theory and evidence«, *Journal of Experimental Psychology* 105 (1976): 3–46.

Morris, Richard G.M.: »Spatial memory«, *Learning and Motivation* 12 (1989): 239–260.

Norem, Julie K.: *Die positive Kraft negativen Denkens*, aus dem Englischen von Christine Strüh, Bern, München und Wien: Scherz 2002.

Pawlow, Iwan P.: *Selected works (1889–1904)*, California: University Press of the Pacific 2001.

Rorschach, Hermann: *Psychodiagnostik. Arbeiten zur angewandten Psychiatrie*, Bd. 2, Bern: Bircher 1921.

Rubin, David C.: *Remembering our past: studies in autobiographical memory*, New York: Cambridge University Press 1995.

Sanderson, William C. u. a.: »The influence of an illusion of control on the panic attacks induced via inhalation of 5.5% carbon dioxide-enriched air«, *Archives of General Psychiatry* 46 (1989): 157–162.

Seligman, Martin E.P.: *Pessimisten küsst man nicht. Optimismus kann man lernen*, aus dem Amerikanischen von Christa Broermann, München: Droemer Knaur 1993.

Shaw, George Bernard: *Frau Warrens Beruf*, Deutsch von Martin Walser, in: Bernard Shaw, *Gesammelte Stücke in Einzelausgaben*, Band 1, Frankfurt am Main: Suhrkamp 1991.

The, Anne-Mei u. a.: »Communication to cancer patients about imminent death«, *British Medical Journal*, 321 (2000): 1376–1381.

Thompson, Charles P. u. a.: *Autobiographical memory*, New Jersey: Lawrence Erlbaum 1998.

Vaughan, Susan C.: *Halb leer? Halb voll! Die Wurzeln des Optimismus*, aus dem Englischen von Claudia Brusdeylins, München: dtv 2001.

Watson, John B.: »The little Albert study«, *Journal of Experimental Psychology* 3 (1920), 1–14.

Die Bestandteile einer optimistischen Grundhaltung

Bandura, Albert: *Social foundations of thought and action: A social cognitive theory*, New Jersey: Prentice-Hall, Englewood Cliffs 1986.

Bloomfield, Harold: *Making peace with your past*, New York: Quill 2001.

Carroll, Lewis: *Alice im Wunderland*, aus dem Englischen von Antonie Zimmermann, Leipzig: Johann Friedrich Hartknoch 1865, http://www.symbolon.de/downtxt/alice.htm

Dostojewski, Fjodor: *Aufzeichnungen aus dem Kellerloch*, aus dem Russischen von Swetlana Geier, Frankfurt am Main: Fischer 2003.

Gillham, Jane E.: *The science of optimism and hope*, Philadelphia: Templeton Foundation Press 2000.

Lightman, Alan: *Und immer wieder die Zeit*, aus dem Englischen von Friedrich Griese, Hamburg: Hoffmann und Campe 1994.

Litt, Mark D. u. a.: »Coping factors in adaptation to in vitro fertilization failure«, *Journal of Behavioral Medicine* 15 (1882): 171–187.

Luskin, Fred: *Die Kunst zu verzeihen. So werfen Sie Ballast von der Seele*, aus dem Amerikanischen übersetzt von Bettina Blank, Landsberg und München: mvg 2003.

Marías, Julián: *La felicidad humana*, Madrid: Alianza Editorial 1987.

Peterson, Christopher u. a.: »Optimistic explanatory style«, in:

Positive Psychology, hrsg. von C.R. Snyder und Shane J. López, New York: Oxford University Press 2002.

Savater, Fernando: *El contenido de la felicidad*, Madrid: Ediciones El País, 1986.

Schulz, Charles M.: *Snoopy und die Peanuts*, aus dem Amerikanischen von Matthias Wieland, Hamburg: Carlsen 2006.

Seligman, Martin E.P.: *Pessimisten küsst man nicht*, a.a.O.

Snyder, C.R.: *Handbook of hope*, New York: Academic Press 2000.

–: »Development and validation of State Hope Scale«, *Journal of Personality and Social Psychology* 2 (1996): 321–335.

Taylor, Shelley E.: *Positive Illusionen: Produktive Selbsttäuschung und seelische Gesundheit*, deutsch von Robert Ende und Sebastian Fetscher, Reinbek bei Hamburg: Rowohlt 1993.

Thoreau, Henry David: *Walden. Ein Leben mit der Natur*, München: dtv 1999.

Tiger, Lionel: *Optimism, the biology of hope*, a.a.O.

Vaillant, George E.: »The mature defenses: antecedents of joy«, *American Psychologist* 55 (2000): 89–98.

Veenhoven, Ruut: »The utility of happiness«, *Social Indicators Research*, 22 (1988): 333–354.

Wilde, Oscar: *Ernst sein ist alles*, Berlin: Felix Bloch Erben 1920.

Die Prägung der Persönlichkeit

Argyle, Michael: *The psychology of happiness*, East Sussex, Reino Unido: Routledge 2001.

Calder, Nigel: *Einsteins Universum*, aus dem Englischen von Wolfram Knapp, Frankfurt am Main, Wien und Zürich: Büchergilde Gutenberg 1980.

Caspi, Avshalom, Moffitt, Terrie u.a.: »Genes, estrés y depresión«, *Science*, 18. Juli 2003.

Chang, Edward C.: *Optimism & pessimism*, Washington, D.C.: American Psychological Association, 2001.

–: »Cultural variations in optimistic and pessimistic bias: Easterners and Westerners«, *Journal of Counseling Psychology* 14 (1996): 113–123.

Davidson, Richard: »Affective styles and affective disorders: perspectives from neuroscience«, *Cognition and Emotion* 12 (1998): 307–330.

Demoscopia: »Sondeo de españoles«, *El País*, 2. Januar 2000.

Diener, Ed: *Culture and subjective well-being*, Cambridge: Massachusetts Institute of Technology 2000.

Easterbrook, Gregg: *The progress paradox*, New York: Random House 2003.

Emerson, Ralph Waldo: *Lebensführung*, übersetzt von Karl Federn, Minden: J.C.C. Bruns 1901.

Fivush, Robyn: »Gendered narratives, parent-child reminiscing across the preschool years«, in: *Autobiographical memory*, hrsg. von Thompson, Charles P., London: Lawrence Erlbaum 1998.

Friedman, Thomas L.: »Worried optimism on Iraq«, *The New York Times*, 21. September 2003.

Gurr, Ted Robert: *Peoples versus states*, New York: US Institute of Peace Press 2001.

Halperin, Morton A.: *The democracy advantage*, New York: Routledge Publishers, 2005.

Kieseppä, Tuula u. a.: »High concordance of bipolar I disorder in nationwide sample of twins«, *American Journal of Psychiatry* 161 (2004): 1814–1821.

King, L.A. und Napa, C.K.: »What makes a good life?«, *Journal of Personality and Social Psychology* 75 (1998): 156–165.

Lee, Y.T. und Seligman, Martin E.P.: »Are Americans more optimistic than the Chinese?«, *Personality and Social Psychology Bulletin* 23 (1997): 32–40.

Lykken, David: »Research with twins«, *Psychophysiology* 19 (1982): 361–367.

–: *Happiness, what studies of twins show us*, New York: Golden Books, 1999.

Masten, Ann S. u. a.: »Competence in the context of adversity: pathways to resilience and maladaptation from childhood to late adolescence«, *Development and Psychopathology* 11 (1999): 143–169.

Mccrae, Robert R.: »Personality trait structure as a human universal«, *American Psychology* 52 (1997): 509–516.

Mccullough, Michael E. u. a.: »Interpersonal forgiving in close relationships«, *Journal of Personality and Social Psychology* 75 (1998): 1586–1603.

Myers, David G.: »Hope and Happiness«, in: *The science of optimism and hope*, hrsg. von Jane E. Gillham, Pennsylvania: Templeton Foundation Press 2000.

Myers, David G. und Diener, Ed: »The pursuit of happiness«, *Scientific American* 5 (1996): 54–56.

Oettingen, Gabriele u. a.: »Pessimism and behavioral signs of depression in East versus West Berlin«, *Journal of Social Psychology* 20 (1990): 207–220.

Peterson, Christopher: *Positive development, realizing the potential of youth*, California: Sage Publications 2004.

Plomin, Robert u. a.: »Optimism, pessimism and mental health, a twin adoption analysis«, *Personality and Individual Differences*, 13 (1992): 921–930.

Porter, Eleanor H.: *Pollyanna. Ein Waisenkind in Amerika*, bearbeitet von Freya Stephan-Kühn, Würzburg: Arena 1995.

Schulman, Peter u. a.: »Is optimism heritable? A study of twins«, *Behavior Research and Therapy*, 31 (1993): 569–574.

Shedler, Jonathan: »Dimensions of personality pathology: an alternative to the five-factor model«, *American Journal of Psychiatry* 161 (2004): 1743–1753.

Triandis, Harry: *Individualism and collectivism*, Boulder, Colorado: Westview Press 1995.

Zuckerman, Marvin: *Psychobiology of personality*, Cambridge: Cambridge University Press 1991.

Was den Optimismus vergiftet

Beck, Aaron T.: *Depression, clinical experimental and theoretical aspects*, New York: Hoeber 1967.

–: *Wahrnehmung der Wirklichkeit und Neurose: Kognitive Psychotherapie emotionaler Störungen,* München: Pfeiffer 1979.

–: *Kognitive Therapie der Depression*, aus dem Amerikanischen von Gisela Bronder und Brigitte Stein, Weinheim und Basel: Beltz 1999.

–: »Relationship between hopelessness and ultimate suicide«, *American Journal of Psychiatry* 147 (1990): 190–195.

Bowlby, John: *Bindung und Verlust*, Bd. 1: *Bindung*, aus dem Englischen von Gertrud Mander, München und Basel: Reinhardt 2006.

–: *Bindung und Verlust*, Bd. 2: *Trennung. Angst und Zorn*, aus dem Englischen von Erika Nosbüsch, München und Basel: Reinhardt 2006.

Bettelheim, Bruno: *Erziehung zum Überleben. Zur Psychologie der Extremsituation*, aus dem Amerikanischen von Edwin Ortmann, Rudolf Hermstein und Brigitte Weitbrecht, München: dtv 1985.

Cassem, Edwin H.: »Depressive disorders in the medically ill«, *Psychosomatics* 36 (1995): 2–10.

Cross-National Collaborative Group, Weissman, Myrna M. u. a.: »The changing rate of major depression, cross-national comparisons«, *Journal of the American Medical Association*, 268 (21/1992): 3098–3105.

Dubrovsky, Steven L.: *Mind-body deceptions*, New York: W.W. Norton 1997.

Galea, Sandro u. a.: »Psychological sequelae of the September 11 terrorist attacks in New York City«, *The New England Journal of Medicine* 346 (2002): 982–987.

Glassman, Alexander u. a.: »Depression and the course of coronary artery disease«. *America Journal of Psychiatry*, 155 (1998): 4–11.

Jong, Joop T. u. a.: »Lifetime events and posttraumatic stress disorder in 4 postconflict settings«, *Journal of the American Medical Association* 286 (2001): 555–562.

Kendler, Kenneth S. u. a.: »Causal relationship between stressful life events and the onset of major depression«, *American Journal of Psychiatry* 156 (1999): 837–841.

Klerman, Gerald u. a.: »Increasing rates of depression«, *Journal of the American Medical Association*, 261 (1989): 2229–2235.

Klerman, Gerald und Weissman, Myrna: *Interpersonelle Psychotherapie bei Depressionen und anderen psychischen Störungen*, hrsg. von Elisabeth Schramm unter Mitarbeit von M. Bohus, Stuttgart und New York: Schattauer 2003.

Krug, Etienne G. u. a.: »Suicide after natural disasters«, *The New England Journal of Medicine*, 338 (1998): 373–378.

Olfson, Mark u. a.: »National trend in the outpatient treatment of depression«, *Journal of the American Medical Association* 287 (2002): 203–209.

World Health Organization (WHO): »War, murder and suicide: a year's toll is 1.6 million«, *The New York Times*, 3. Oktober 2002.

Styron, William: *Sturz in die Nacht. Die Geschichte einer Depression*, aus dem Amerikanischen von Willi Winkler, Berlin: Ullstein 2010.

Vaillant, George E.: »Natural history of male psychological health, XIV: Relationship of mood disorder vulnerability to physical health«, *American Journal of Psychiatry*, 155 (1990): 184–191.

Gelebter Optimismus

Argyle, Michael: *The psychology of happiness*, a.a.O.

Armstrong, Karen: *Nah ist und schwer zu fassen der Gott. 3000 Jahre Glaubensgeschichte von Abraham bis Albert Einstein*, aus dem Englischen von Doris Kornau, München: Droemer Knaur 1993.

Dalgleish, Tim und Power, Mick: *Handbook of cognition and emotion*, New York: Wiley 1999.

Frankl, Viktor E.: *... und trotzdem Ja zum Leben sagen. Ein Psychologe erlebt das Konzentrationslager*, München: Kösel 2002.

–: *Der Mensch vor der Frage nach dem Sinn*, München: Piper 2005.

Goodstein, Laurie: »More religion in the world«, *The New York Times*, 9. Januar 2005.

Inglehart, Ronald: *Culture shift in advanced industrial society*, Princeton: Princeton University Press 1990.

Isen, Alice M.: »Positive affect«, in: *Handbook of cognition and emotion*, New York: John Wiley 1999.

James, William: *Die Prinzipien der Psychologie*, a.a.O.

Kahneman, Daniel u. a.: »A survey method for characterizing daily life experience«, *Science* 306 (2004): 1776–1780.

Lykken, David: *Happiness*, New York: Golden Books 1999.

Marina, José Antonio: *El laberinto sentimental*, Barcelona: Editorial Anagrama 1996.
Myers, David G. und Diener, Ed: »The pursuit of happiness«, a.a.O.
Russell, Bertrand: *Die Eroberung des Glücks*, a.a.O.
Rojas Marcos, Luis: *Nuestra felicidad*, Madrid: Espasa Calpe 2000.
Schachter, Stanley: *The psychology of affiliation: experimental studies of the sources of gregariousness*, California: Stanford University Press 1959.
Seligman, Martin E.P.: *Kinder brauchen Optimismus*, Reinbek bei Hamburg: Rowohlt 1999.
–: *Pessimisten küsst man nicht*, a.a.O.
SRBI Public Affairs Poll: »What makes us happy?«, *Time*, 17. Januar 2005.
Veenhoven, Ruut: *Conditions of happiness*, Rotterdam: Dordrecht 1984.
Watzlawick, Paul: *Anleitung zum Unglücklichsein. Vom Schlechten des Guten oder Hekates Lösungen*, München: Piper 2005.
–: *Die Möglichkeit des Andersseins*, Bern: Hans Huber 1977.

Das Glück finden

Abramson, Lyn u.a.: »Optimistic cognitive styles and invulnerability to depression«, in: *The science of optimism and hope*, hrsg. von Jane Gillham, London: Templeton Foundation Press 2000.
Affleck, Glenn u.a.: »Daily processes in coping with chronic pain«, in: *Handbook of coping*, hrsg. von M. Zeidner, New York: Wiley 1996.
Aspinwall, Lisa: »Making a case for optimism«, *The New York Times*, 20. Juni 2000.
Aspinwall, Lisa u.a.: »Distinguishing optimism from denial: optimistic beliefs predict attention to health threats«, *Personality and Social Psychology Bulletin*, 22 (1996): 993–1003.
Baruch, Grace und Barnett, Rosalind: »Role quality and psychological well being in midlife women«, *Journal of Personality and Social Psychology* 51 (1986): 578–585.

Carver, Charles: »Optimism, pessimism and postpartum depression«, *Cognitive Therapy and Research* 11 (1987): 449–462.

Chang, Edward C.: *Optimism & pessimism*, a.a.O.

Cobb, Leonard u. a.: »An evaluation of internal-mammary artery ligation by a double blind technique«, *The New England Journal of Medicine* 260 (1959): 1115–18.

Damasio, Antonio: *Descartes' Irrtum. Fühlen, Denken und das menschliche Gehirn*, aus dem Englischen von Hainer Kober, Berlin: List 2004.

Dabbs, James M.: *Heroes, rogues and lovers*, New York: McGraw-Hill 2000.

Darwin, Charles: *Der Ausdruck der Gemütsbewegungen bei dem Menschen und den Tieren*, übersetzt von Julius Victor Carus und Ulrich Enderwitz, Frankfurt am Main: Eichborn 2000.

Davis, Christopher und Nolen-Hoeksema, Susan: »Loss and meaning«, *American Behavioral Scientist* 44 (2001): 726–741.

Dember, William N.: »The optimism-pessimism instrument: personal and social correlates«, in: *Optimism & pessimism*, hrsg. von Edward C. Chang, Washington, D.C.: American Psychological Association 2001.

Dimond, Grey und Cobb, Leonard: »Comparison of internal mammary ligation and sham operation for angina pectoris«, *American Journal of Cardiology* 5 (1960): 483–486.

Egeland, Jan: »Comments on flood relief«, *The New York Times*, 3. Januar 2005 (S. A1).

Etcoff, Nancy L.: *Nur die Schönsten überleben. Die Ästhetik des Menschen*, aus dem Amerikanischen von Heinz Tophinke, Kreuzlingen und München: Hugendubel 2001.

Fincham, Frank D. u. a.: »The longitudinal relation between attributions and marital satisfaction«, *Journal of Family Psychology* 14 (2000): 267–285.

Frade, Cristina: »Eric Lemarque ›Mordido‹ por la Montaña helada«, *El Mundo*, 6. März 2004.

Frankl, Viktor E.: *Der Mensch vor der Frage nach dem Sinn*, a.a.O.

Fromm, Erich: *Die Kunst des Liebens*, a.a.O.

Galton, Francis: »Vox Populi«, *Nature* 75 (1907): 450–453.

Giltay, Erik J. u. a.: »Dispositional optimism and all cause and cardiovascular mortality in a prospective cohort of elderly Dutch men and women«, *Archives of General Psychiatry* 61 (2004): 1126–1135.

Given, Charles W. u. a.: »The influence of cancer patients' symptoms and functional status on patients' depression and family caregivers' reaction and depression«, *Health Psychology* 12 (1993): 277–285.

Goode, Erica: »NASA and who is wanted in space«, *The New York Times*, 12. Januar 2004.

Goodwin, Pamela J. u. a.: »The effect of group psychological support on survival in metastatic breast cancer«, *The New England Journal of Medicine* 345 (2001): 1719–1726.

Gould Stephen J.: *Tragic optimism for a millennial dawning*. Chicago: Encyclopedia Britannica Inc 1999.

Gracely, Richard u. a.: »Clinicians expectations influence placebo analgesia«, *Lancet* 8419 (1985): 43–44.

Hackett, T.P. u. a.: »Effect of denial on cardiac health and psychological assessment«, *American Journal of Psychiatry* 139 (1982): 1477–1480.

Idler, Ellen u. a.: »Health perceptions and survival«, *Journal of Gerontology* 46 (1991): 55–65.

Kahneman, Daniel und Lovallo, Dan: »Timid choices and bold forecasts«, *Management Science*, 1. Januar 1993.

Kaplan, G.A. u. a.: »Perceived health and mortality«, *American Journal of Epidemiology* 117 (1983): 292–304.

King, Jr., Martin Luther: *Ich habe einen Traum*, übersetzt von Hans-Eckehard Bahr und Heinrich W. Grosse, Patmos 2003.

Lanza, Frank u. a.: »Double-blind comparison of lansoprazole, ranitidine and placebo in the treatment of acute duodenal ulcer«, *American Journal of Gastroenterology* 89 (1994): 1191–1200.

Linde, C. u. a.: »Placebo effect of pacemaker implantation in obstructive hypertrophic cardiomyopathy«, *American Journal of Cardiology* 83 (1999): 903–907.

Linley, Alex und Joseph, Stephen: »Positive change following trauma and adversity: a review«, *Journal of Traumatic Stress* 17 (2004): 11–21.

Luskin, Fred: *Die Kunst zu verzeihen*, a.a.O.

Marañón, Gregorio: »The psychology of gesture«, *Journal of Nervous and Mental Diseases* 112 (1950): 469–497.

Marco, Pilar: »Rajoy acusa al PSOE de ›arrastrar un fardo de pesimismo‹«, *El País*, 9. Februar 2004.

Marcus, Amy D.: »The tyranny of positive thinking«, *The Wall Street Journal*, 6. April 2004.

Maruta, Toshihiko u. a.: »Optimists vs pessimists: survival rate among medical patients over a 30-year period«, *Mayo Clinic Proceedings* 75 (2000): 140–143.

Moerman, E. Daniel: *Meaning, medicine and the placebo effect*, New York: Cambridge University Press 2002.

Mossey, J.M. u. a.: »Self-rated health: a predictor of mortality among the elderly«, *American Journal of Public Health* 72 (1982): 800–808.

Myers, David G.: *The pursuit of happiness*, a.a.O.

Nolen-Hoeksema, Susan u. a.: *Coping with loss*, New Yersey: Erlbaum 1999.

Okun, Morris u. a.: »Health and subjective well-being: a meta-analysis«, *International Journal of Aging and Human Development* 19 (1984): 111–132.

Ovid, *Die Liebeskunst*, 8 n. Chr., übersetzt von Heinrich Lindemann, Leipzig: Wilhelm Engelmann 1861, http://gutenberg. spiegel.de/ovid/arsamato/arsama34.htm.

Peterson, Christopher u. a.: »Pessimistic explanatory style is a risk factor for physical illness: a thirty-five year longitudinal study«, *Journal of Personality and Social Psychology* 55(1988): 23–27.

–: »Catastrophizing and untimely death«, *Psychological Science* 9 (1998): 127–130.

Petrovic, Predrag: »Drugs and placebo look alike in the brain (Constance Holden)«, *Science Magazine*, 8. Februar 2002.

Rojas Marcos, Luis: *La pareja rota*, Madrid: Espasa Calpe 2003.

–: »Elecciones en EE UU und optimismo«, *El País*, 18. Oktober 2004.

–: »Cuando el optimismo es noticia«, *El País*, 12. Januar 2005.

–: *Nuestra incierta vida normal*, Madrid: Aguilar 2004.

Russell, Bertrand: *Die Eroberung des Glücks*, a.a.O.

Scheier, Michael F. und Carver, Charles: »Optimism, coping, and health: Assessment and implications of generalized outcome expectancies«, *Health Psychology* 4 (1985), 219–247.

Scheier, Michael F. u. a.: »Optimism, pessimism and psychological well-being«, in: *Optimism & pessimism*, hrsg. von Edward C, Chang, Washington, D.C.: American Psychological Association 2001.

Schneider, Lon u. a.: »An 8-week multicenter, parallel-group, double-blind, placebo controlled study of sertraline in elderly outpatients with major depression«, *American Journal of Psychiatry* 160 (2003): 1277–1285.

Schwartz, John: »NASA official held on to hope in the shuttle's final moments«, *The New York Times*, 15. Februar 2003.

Seligman, Martin E.P. u. a.: »Explanatory style as a predictor of performance as a life insurance agent«, *Journal of Personality and Social Psychology* 50 (1986): 832–838.

Seligman, Martin E.P. u. a.: »Explanatory style as a mechanism of disappointing athletic performance«, *Psychological Science* 1 (1990): 143–146.

Shapiro, Arthur K.: *The powerful placebo*, Baltimore: Johns Hopkins University Press 1997.

Shaw, George Bernard, *Handbuch des Revolutionärs*, Deutsch von Annemarie und Heinrich Böll, Frankfurt am Main: Suhrkamp 1972.

Sheridan, Robert u. a.: »Long-term outcome of children surviving massive burns«, *Journal of the American Medical Association* 283 (2000): 69–73.

Smith, T.: »Optimism and surgeons«, *British Medical Journal* 308 (1994): 1305–1306.

Smyth, Joshua M. u. a.: »Effects of writing about stressful experiences on symptom reduction in patients with asthma or rheumatoid arthritis«, *Journal of the American Medical Association* 281 (1999): 1304–1309.

Solomon, Deborah: »Questions for Stephen Hawking«, *The New York Times Magazine*, 12. Dezember 2004.

Sperling, Michael B. und Berman, William H.: *Attachment in adults: Theory, assessment and treatment*, New York: Guildford 1994.

Spiegel, David: »Healing words, emotional expression and disease outcome«, *Journal of the American Medical Association* 281 (1999): 1328–9.

Tennen, Howard und Affleck, Glenn: »Finding benefits in adversity«, in: *Coping, the psychology of what works*, hrsg. von C.R. Snyder, New York: Oxford University Press 1999.

Vaillant, George E.: »Mental Health«, *American Journal of Psychiatry* 160 (2003): 1373–1384.

Vaughan, Susan C.: *Halb leer? Halb voll!*, a.a.O.

Veenhoven, Ruut: *Conditions of happiness*, a.a.O.

−: *How harmful is happiness*, Rotterdam: Universitaire Pres. 1989.

Weick, Karl E.: *Making sense of the organization*, New York: Blackwell 2001.

Williams, Redford u. a.: »Psychosocial risk factors for cardiovascular disease«, *Journal of the American Medical Association* 290 (2003): 2190–2192.

Wolf, Steward: *Human gastric function: an experimental study of a man and his stomach*, New York: Oxford University Press 1947.

−: »Effects of suggestion and conditioning on the action of chemical agents in human subjects: the pharmacology of placebos«, *Journal of Clinical Investigation* 29 (1950): 100–109.

Yan, Lijing u. a.: »Psychosocial factors and risk of hypertension«, *Journal of the American Medical Association* 290 (2003): 2138–2148.

Yehuda, Rachel: »Post-traumatic stress disorder«, *The New England Journal of Medicine* 346 (2002): 108–114.

Zullow, Harold u. a.: »Pessimistic explanatory style in the historical record«, *American Psychologist* 43 (1988): 673–682.

Zullow, Harold und Seligman Martin E.P.: »Pessimistic rumination predicts defeat of presidential candidates«, *Psychological Inquiry* 1 (1990): 5–9.